Florian Klenk

»Früher war hier das Ende der Welt«

Reportagen

Paul Zsolnay Verlag

1 2 3 4 5 15 14 13 12 11

ISBN 978-3-552-05528-5

Satz: Eva Kaltenbrunner-Dorfinger, Wien
Druck und Bindung: GGP Media GmbH, Pößneck
Printed in Germany

Für meine Kinder
Anna und Leopold

Frau Kovach trägt Schwarz – *Eine Reise an die Schengengrenze*

Gerade haben die Inder die Pakistani im Kricket besiegt. Die Spieler tragen abgenutzte Soldatenmäntel oder unförmige Daunenjacken anstelle der Spielerdressen. Mit einem Holzprügel schleudern sie den Ball über den Morast. Die Männer spielen in der Nähe des altösterreichischen Dorfes Schönborn. Die Ortschaft liegt in der Ukraine. Das Spiel fand hinter Stacheldraht statt. Sie spielen es hier täglich, und das seit Monaten. Dabei hatten sie doch ein neues Leben im europäischen Paradies gesucht. Nun sitzen sie im Deportationscamp Pavshino.

Valerij Terekov beobachtet das Treiben jeden Tag. Er trägt einen Tarnanzug, als würde hier in diesem Lager Krieg herrschen. Wenn er spricht, blitzen seine Goldzähne. Auf seinem Kopf sitzt eine Mütze aus Kunstfell. Der bullige Mann, er könnte ein Boxer sein, bewacht für umgerechnet 150 Euro im Monat nun Einwanderer, die die EU von sich fernhalten will. Dabei hat er hier, in dieser ehemaligen Raketenbasis der Sowjets, nicht einmal Strom.

Bei Blasmusik und Feuerwerk sägten Europas Regierungschefs zu Neujahr 2007 die östlichen Grenzbalken durch. Es war ein historischer Tag. Wo der Eiserne Vorhang den Ostblock begrenzte, galt plötzlich Tempo hundert.

Das ist die schöne Seite dieses historischen Ereignisses, sie erzählt von der Demokratisierung des Ostens, von Freiheit, Mobilität und der Zähmung des Totalitarismus durch Wohlstand. Polen, Slowakei, Slowenien, Ungarn und die baltischen Staaten gehören heute alle zum Westen. Dafür beschützen sie nun Europas Grenze nach Osten. Die EU, vor allem auch Österreich, haben darauf gedrängt, dass dies »lückenlos« geschieht.

Ein paar Kilometer entfernt auf der anderen Seite dieser neuen Grenze steht nun Lagerleiter Terekov im Dreck. Er öffnet den Schranken des Lagers und sagt: »Sie haben zwei Stunden, sich hier umzusehen!« Kaum sehen die Kricketspieler die Besucher, lassen sie die Schläger fallen und springen in ihren Plastiksandalen über die Pfützen des überschwemmten Gefängnishofes zum Schranken. Diese Sandalen haben sie Tausende Kilometer weit getragen, bis hierher nach Pavshino. Am Schranken steht auch der ukrainische Militärsanitäter Viktor Verdivara. Ein zerknitterter Arztkittel spannt sich über seinen Tarnanzug. Er will sein kaltes Lagerlazarett zeigen. Er sagt: »Es können jederzeit Epidemien ausbrechen.« Was er dagegen unternehmen kann? Verdivara schwenkt ein Fläschchen mit himmelblauer Desinfektionslösung und deutet auf einen angestaubten Mundschutz. Auch in der Sanitätsbaracke gibt es keinen Strom.

Das Lager Pavshino liegt in Transkarpatien. Fünf Stunden sind es von Wien bis hierher. Einst trennte diese Gegend Habsburgs Reich vom Rest der Welt. Heute ist das slowakisch-ungarisch-ukrainische Ländereck das neue Einfallstor für Einwanderer, die von Nahost via Russland über die grüne Grenze nach Europa flüchten. 5000 werden jedes Jahr geschnappt. Viermal so viele wie vor drei Jahren. Sie hausten bis vor kurzem noch in Holzschuppen und Zelten. Jetzt leben 400 von ihnen in dieser Kaserne. Lagerleiter Terekov steht in seinem silbernen Dienstcontainer, einer Spende der EU, und sagt: »Dabei haben wir hier nur für halb so viele Platz.«

Die Gefangenen draußen zupfen die Besucher am Ärmel, sie deuten auf schlecht verheilte Knochenbrüche, auf Narben. Wenn sie fluchen, zeigen sie nur ihre schlechten Zähne. Viele richtige Kriegsflüchtlinge sind darunter, nicht solche, die wirtschaftlicher Not entkommen wollten. Ein Iraker hebt seinen Armstumpf, eine Autobombe war's, wie er mit amerikanischem Akzent erzählt. Er arbeitete für die US-Soldaten. Nach Schweden wollte er, wo seine Landsleute sofort Asyl bekämen.

Die Internierten wirken in ihren Wollmänteln und Decken wie Kriegsgefangene, dabei herrschen hier gar keine Generäle, sondern nur von der EU überforderte ukrainische Bürokraten. Keiner von ihnen wird den Gefangenen Asyl gewähren, zumindest sagt das die Statistik. Dabei erzählen viele Männer hier von Folter in der Heimat. Dort waren einige von ihnen Doktoren und Ingenieure, hier fühlen sie sich »wie Hunde« behandelt.

General Terekov kann die Männer nicht verstehen, seine Soldaten brüllen nur ukrainische oder russische Kommandos über den Kasernenhof. Es gibt hier keine Dolmetscher, es verirrt sich nur manchmal ein Anwalt hierher, finanziert von der Caritas oder der ukrainischen Hilfsorganisation Neeka. Die sorgen hier dafür, dass es wenigstens Nahrung, Wasser und warme Kleidung gibt. Denn in den Baracken halten Fetzen statt Türen die Kälte fern, es riecht nach Rauch, Schweiß und Urin. Im Duschraum kauert ein Inder und schrubbt mit aufgeweichten Fingern seine Unterhosen im dreckigen Wasser. Seit zwei Jahren schon lebe er hier, weil ihn die Grenzwachen immer wieder geschnappt hätten, erzählt er. Zurück kann er nicht, ihm fehle das Geld. Das wenige, das er hatte, sei von den Wachen gestohlen worden.

Lagerleiter Terekov sagt zu solchen Vorwürfen: »Diese

Leute lügen doch alle!« Doch die Missstände, von denen die Internierten erzählen, werden auch in Berichten des Europarats oder der amerikanischen Organisation Human Rights Watch erwähnt. Als »rechtliches Niemandsland« bezeichnet das UN-Flüchtlingshochkommissariat dieses Camp fernab der Öffentlichkeit. »Gefangene dürfen alle drei Monate drei Minuten telefonieren«, informiert ein Schild im Lager.

Es sind grundsätzliche Fragen, die sich hier am neuen Schengenzaun stellen. Europa braucht eine Grenze. Sie rückt immer weiter nach Osten, in Richtung Armut. Eine Grenze muss beschützt werden, sonst wäre sie keine. Die Frage ist, wie weit eine offene Gesellschaft dabei gehen darf. Soll die Union ihre Migrationsprobleme an völlig überforderte Nachbarn einfach auslagern, nur um das eigene Territorium zu schützen? Sind wir für die Not jener verantwortlich, die hier hängen bleiben?

Das sind nicht nur rechtliche Fragen, sondern auch politische. Die Antwort darauf wird das Außenbild Europas mitprägen. Ist es nur noch eine Festung? Oder auch ein Kontinent der Freiheit?

So wie es heute in den Flüchtlingsbaracken der Ukraine ausschaut, so sah es vor zehn Jahren noch in Ungarn, Polen oder der Slowakei aus. Diese Länder wollten in die EU, sie mussten ihre Lager und vor allem ihren Staatsapparat auf Druck Brüssels sanieren und bekamen dafür Geld. Nun rückt das Problem ein paar Autostunden weiter, hinaus aus der »Union des Rechts«, wie sich die EU gerne nennt. Hier fühlt sich keiner mehr verantwortlich, die kritische europäische Öffentlichkeit blickt selten her.

Die EU-Kommission fordert derweil weitere Investitionen in die Sicherheit. Unbemannte Drohnen mit Kameras sollen hier bald kreisen, Überwachungssatelliten sollen ins

All geschossen werden. Hundert Millionen Euro hatte allein die Slowakei in den Grenzschutz investiert. Und schon werden »Rückführungsabkommen« geschlossen. Die Ukraine, die als »sicheres Drittland« eingestuft wird, soll noch mehr »Illegale« schnell und »unbürokratisch« zurücknehmen – dafür bekommt das Land dreißig Millionen Euro. Wo das Geld hinkommt, wissen nicht einmal die höchsten Generäle der Grenzschutztruppen, wenn man sie danach fragt.

Die neue Härte betrifft aber längst nicht nur die »Illegalen«, sondern auch die Grenzbewohner und eine gebildete Schicht von Ukrainern, die es aufgrund bürokratischer Schikanen nicht mehr in den Westen schaffen. Während man vier Stunden auf die Ausreise in die EU wartet, kann man das beobachten: Europas Zöllner fordern etwa im ukrainischen Grenzort Chop ausnahmslos alle Ukrainer dazu auf, ihre Motorhauben zu öffnen, manche Autos werden zerlegt. Das taten früher nur die Zöllner der UdSSR. Alte Frauen müssen wie Verdächtige aus ihrem klapprigen Reisebus steigen und ihre Plastiksäcke leeren. Drei Männern wird befohlen, Hunderte Pflastersteine von einem Lastwagen zu hieven, um sie gleich darauf wieder aufzuladen. Es könnte ja etwas darunter versteckt sein. Daneben ungarische Zöllner mit den Händen im Hosensack.

Dazu kommen finanzielle Belastungen: 35 Euro kostet ein normales Touristenvisum für jemanden, der bloß in die slowakische Nachbarschaft jenseits der Grenze fahren will – bei einem Monatsgehalt von 150 Euro und einer Durchschnittspension von siebzig Euro ist das fast unerschwinglich.

Die Sicherheitspolitiker der EU sind stolz auf diese neuen Sicherheitsvorkehrungen. Als der slowakische Innenminister von Österreich die Verantwortung für den Schengen-Grenzschutz übernahm, klickte er vor den Journalisten in seinem Büro die Bilder der Wärmebildkameras herbei. Schwarze Schatten waren da im Unterholz zu sehen, es waren Flüchtlinge. Der Innenminister sagte: »Wir klauben die Grenzgänger auf wie im Supermarkt.«

Was die Kameras jedoch nicht zeigen, ist das weitere Schicksal dieser Schatten, die zumeist in Pavshino landen. Die Ukraine sei mit dem Flüchtlingsstrom »strukturell überfordert«, warnt nun Simone Wolken, Chefin des UN-Flüchtlingshochkommissariats. Sie sitzt in einem bescheidenen Büro beim berühmten orthodoxen Lavra-Kloster in Kiew und versucht, diplomatisch zu bleiben. Sie will den Ukrainern keine Schuld zuweisen, aber das Land werde zum Sumpf, dem Flüchtlinge nicht mehr entkommen. Europa habe zu hohe Erwartungen an die demokratischen und institutionellen Reformen im Land gestellt. Es sei an der Zeit, das einzugestehen. Die Ukraine sei kein sicherer Drittstaat.

Doch Europa übernimmt, abseits von kleinen Spenden an Hilfsvereine und Lager, keine wirkliche Verantwortung, sondern schiebt auch sie ab. Es ist vor allem die Uno, die hier kleine NGOs in maroden Plattenbauvorstädten unterstützt, damit wenigstens Kinder und Mütter in normalen, beheizten Heimen leben und etwas Ukrainisch lernen können.

Um das Chaos zu verstehen, muss man Nikola Erukh besuchen. Er ist der Chef der obersten ukrainischen Asylbehörde in Kiew. Zumindest glaubt Erukh, dass er das ist. Er hat nicht einmal eine Visitenkarte, weil er nicht weiß, welchem Ministerium er heute gerade zugeordnet ist. »Es ist der vierte Machtwechsel in fünf Jahren«, klagt Erukh und streicht sich über den weißen Bart, »ständig werden die Behörden reorganisiert, was für ein Chaos.« Wenn er aus dem Fenster blickt, sieht er die abgedunkelten SUVs der Neureichen über das Pflaster rollen. Wenn er in sein winziges Büro blickt, sieht er nichts. Durch stockfinstere Korridore stolpern hier die Beamten, es ist so düster, dass sie in ihren Büros nicht einmal eine Akte lesen können. »Die Regierung hat die Stromrechnung nicht bezahlt«, klagt Erukh. Wie soll er dann Asylanträge bearbeiten? Was soll Europa tun, Herr Erukh? Er lächelt und streckt beide Hände aus. Er braucht Geld, aber er weiß, dass es wieder versickern wird.

Dieser Mann also kümmert sich um die Papiere der Internierten, die im fernen Pavshino seit Monaten in kalten Baracken sitzen. In den vergangenen Jahren hat sein Amt nur ein paar Dutzend Anträge positiv beschieden. Vorvergangenes Jahr war es kein einziger. Vergangenes Jahr wurde neun Monate lang überhaupt keine Entscheidung gefällt.

So beginnt ein kafkaeskes Treiben: Es werden noch mehr über die grüne Grenze fliehen, um diesem System zu entkommen. Und noch mehr werden geschnappt werden. Sechs Monate dürfen Asylwerber in Pavshino eingesperrt werden. Kaum sind sie frei, werden sie auch schon wieder geschnappt. Mehr als zwei Jahre verbringen manche deshalb in den Lagern, ohne Prozess, ohne Verfahren, ohne richterliche Kontrolle. Oft vertrauen sich die »Illegalen« nach der Freilassung gleich wieder Bauern aus den Grenzdörfern an, die Schleichwege durch Sümpfe oder Flüsse kennen und sich mit Fluchthilfe ein Zubrot verdienen wollen. Mitunter enden diese Abenteuer tödlich. Im Winter fanden Grenzschützer eine Tschetschenin im Wald, drei erfrorene Kinder hielt sie im Arm.

Solche Meldungen schaffen es nur selten in die westeuropäischen Medien, die Toten gehören hier in der ukrainisch-slowakischen Grenzregion fast schon zum Alltag. »Die Dörfler«, so erzählen es zumindest die Lokaljournalistinnen

Iryna Brezna und Hanna Tazkaniy, »sprechen von ›Schneeglöckchen‹, wenn sie im Frühling die Leichen finden.«

Es herrsche Angst vor den Fremden, ergänzt Natalia Prokopchuk, Sprecherin des UNHCR. »Die Bauern«, sagt sie, »fürchten sich vor fremden Krankheiten.«

Plattenbausiedlungen, unfertige Gebäude, Lastwagenkolonnen, Schlaglöcher, verfallene Villen und Pensionisten, die in Mülltonnen graben. Das ist die ukrainisch-slowakische Grenzstadt Uzghorod. Hier, in einem kleinen Amtsgebäude, residiert Victoria Kovach. Sie stellt sich als »Chief Specialist« der Fremdenpolizei vor. Ein dicker blauer Vorhang filtert die Sonne in ihrem Büro, alles schimmert blau, sogar das Bild des vergifteten und beinahe ermordeten Präsidenten Viktor Juschtschenko. Nur Frau Kovach trägt Schwarz. Vor ihrer Türe sitzen Afrikaner. Auch sie hat keine Dolmetscher, um diese Männer zu verstehen. Auf den ersten Blick würde man sie für eine strenge Bürokratin halten. Was Schengen verändert hat?

Frau Kovach spricht leise, sie will ihre eigene Geschichte erzählen: Sie wollte nach Budapest fahren, um der Beerdigung eines ungarischen Verwandten beizuwohnen. Früher wäre das kein Problem gewesen. Jetzt aber herrschen Schengen und das Regime europäischer Bürokraten. Die ungarischen Dokumente des Toten hätte Frau Kovach am ungarischen Konsulat vorlegen müssen, dazu Gehaltsbestätigungen, Vermögensaufstellungen und Leumundszeugnisse. Sie hätte unterschreiben sollen, in der EU niemals Asyl zu beantragen. Vorzulegen war auch eine »Verpflichtungserklärung«, in der die ungarischen Verwandten versicherten, für alle Kosten aufzukommen, die Frau Kovach in der EU verursache. Natürlich konnte sie die Papiere in der kurzen Zeit nicht abliefern. Sie musste der Beerdigung fernbleiben. Nicht nur familiär, auch beruflich sei sie von der Welt abgeschnitten. Der dänische Flüchtlingsrat habe sie neulich zu einem Seminar eingeladen, selbst dafür habe sie kein Visum bekommen.

Es wird eine weitere Seite dieser neuen Grenze sichtbar: Nicht nur Flüchtlinge, auch die Ukrainer selbst fühlen sich von der EU gedemütigt. Natalia Prokopchuk, die Sprecherin des UNHCR, könnte viele Geschichten darüber erzählen. Sie sorgt hier in der Grenzregion dafür, dass illegale Einwanderer menschenwürdig leben, und sie kennt Diplomaten, Journalisten, Gelehrte, die sich ausgeschlossen fühlen. Gerne würde auch Prokopchuk privat in den Westen reisen, das Einkommen dazu hätte sie. Aber ein schneller Urlaubstrip nach Wien? »Nahezu unmöglich«, sagt Prokopchuk, zumal als alleinstehende Frau. Auf den westlichen Konsulaten wird routinemäßig angenommen, sie sei vielleicht eine Geheimprostituierte.

Eselskarren, betrunkene Roma, hupende Ladas, aufgeschreckte Hühner, ab und zu eine Luxuskarosse mit verdunkelten Scheiben. Das kleine Dorf Schönborn liegt nur wenige Kilometer vom Internierungscamp Pavshino und der Grenzstadt Uzghorod entfernt. Einst war hier Habsburgs Österreich, die Städte sehen heute noch aus wie eine sowjetische Variante von St. Pölten oder Hollabrunn. Auch viele Dorfnamen erinnern an alte Zeiten. Die Ortschaften heißen Mädchendorf, Plankendorf, Blaubart, Birkendorf. Schönborns Straßenschilder sind zweisprachig, und auf der Kirche steht: »Ehre sei Gott.« Einst gehörten diese Ländereien dem Großvater des Wiener Erzbischofs. Und Otto Habsburg, erzählen die Bauern stolz, habe auch einmal vorbeigeschaut.

Den Bauern hier sind die Nöte der Flüchtlinge im Wald von Pavshino nicht bekannt. Dass ein paar Kilometer entfernt, hinter Stacheldraht, Indien Pakistan im Kricket besiegt hat – diese Facette der Globalisierung würden die Leute hier nicht erahnen. Anna Lockes zum Beispiel, 62 Jahre, steht in ihrer speckigen Kittelschürze vor ihrem Hof und hat nur »schwarze Gestalten« gesehen, die immer wieder »aus den Sträuchern kriechen«. Frau Lockes schimpft sie »Pferdedarm und Schweinerachen«.

Anna Lockes sagt, sie könne nur noch weinen, wenn sie den Niedergang des Dorfes sieht. Sie spricht Deutsch wie vor dreihundert Jahren, Schwäbisch, so wie ihre Vorfahren, die unter Maria Theresia hier angesiedelt wurden. »Den Eltern der Tod, uns die Not, den Kindern das Brot« war deren Wahlspruch. Doch er erfüllte sich für Anna Lockes nicht. Die große Politik zog über das Dorf hinweg, Österreicher, Ungarn, Tschechen, Nazideutsche, Sowjets herrschten hier. Frei und satt war Anna Lockes selten. Sie wurde von den Russen als »Hitleri« und »Fritzi« verspottet. Viele ihrer deutschen Nachbarn landeten in den Gulags Sibiriens, als Rache für die Massaker der Nazis. Die Juden der nahen Stadt Mukachevo wurden von Eichmann nach Auschwitz deportiert.

»Michail Gorbatschow öffnete die Grenzen für uns!« sagt Lockes. Es gab Hoffnung im Dorf. Jetzt ist es damit vorbei. Wenn die Bauern krank werden, schickt sie der Arzt zu Vater Burkhards Heilungsgottesdienst, weil nur Gott ohne Honorar arbeitet. Hundert Leute beten dann eingemummt in dicke Mäntel den Rosenkranz und hoffen auf ein Wunder: »Das Geld ist hier das Gesetz! Selig die Armen«, tröstet sie der bayerische Priester. Viel mehr kann er auch nicht tun.

Vater Burkhard ist gewiss kein Rebell, aber wenn er über Schengen spricht, dann sagt er: »Mir kocht das Blut!« und fordert »Revolution«. Er sitzt in seinem Pfarrhaus, hinter ihm tickt eine Kuckucksuhr, daneben hängt eine Karte der österreichisch-ungarischen Monarchie.

Bevor die neue Grenze kam, hätten die Leute im Nachbarland am Schwarzmarkt eingekauft, ein kleiner Wohlstand habe sich angekündigt. Die Dörfler hätten den Tank billig in der Ukraine befüllt und jenseits der Grenze wieder ausgepumpt. Für die Differenz gab es Gemüse. Heute wird an der Grenze sogar die Tankfüllung von kleinen Ladas notiert. Ehrliche Leute würden »wie Schwarzarbeiter behandelt«. »Eine Oma«, sagt Burkhard, »stand weinend an der Grenze, weil die Zöllner zwei Flaschen selbstgebrannten Wodka konfiszierten. Das soll Europa sein?« Jeder hier, sagt er, lebte doch vom Schwarzhandel. Nun vegetierten die Leute im Dreck, ihre Gasrechnungen könnten sie nicht bezahlen, eiskalter Kapitalismus habe sich breitgemacht.

Verunsicherte Bauern, vergessene Flüchtlinge, gedemütigte Intellektuelle. Fast könnte man vergessen, dass es nicht Europa war, sondern die Sowjetunion, die das Land hier in die Armut stürzte. Die EU gab den Menschen Hoffnung. Die EU war stets ein Vorbild. Die Ukrainer träumen heute noch von dieser Union. Die Frage ist, wie lange noch.

Dawai! Dawai! –
Frauenhandel in Deutschland

Irina Nabreko dachte, sie könne in Deutschland als Callgirl Geld verdienen und ihren Sohn ernähren. Vielleicht träumte sie auch von ein wenig Luxus, den es in Russland für sie nicht gab. Jetzt sitzt sie im Gerichtssaal in Berlin-Moabit und erzählt, wie sie mit einem Knebel im Mund durch ein Hotelzimmer robbte, weil sich, wie die Dolmetscherin übersetzt, »ein feiner Herr in einen Teufel verwandelt« hatte. Mit einer Peitsche »aus edlem Leder« habe er sie geschlagen. Drei Stunden lang habe sie gebetet, dass die Tortur ein Ende nimmt, dass der Kunde zum Hörer greift, ihren Zuhälter anruft und sagt: »Hol das Mädchen ab, es kann nicht mehr.« Nein, mit »diesem Wahnsinn« hatte Irina nicht gerechnet. Doch sich zu weigern, sagt sie, wäre »noch schmerzhafter gewesen«.

Oder Martina Breslowska, Grundschullehrerin aus Moskau. Sie vertraute sich einem Russen an, der ihr einen Job in einem Restaurant versprach. Doch dann »wurde sie mit den russischen Worten dawai, dawai, rabota (Los, los, Arbeit!, Anm.) zur Aufnahme der Prostitution aufgefordert«, wie die Anklage festhält. Lehnte Martina Breslowska »Kunden« ab, wurde sie geprügelt. Für 40 000 Euro, so der Staatsanwalt, wurde sie an einen Freier verkauft. Ein Gutachten hält fest: »Sie hat keinen männlichen Freund mehr gehabt, weil sie Männern – anders als vor der Tat – nicht mehr unbefangen gegenübertreten kann.«

Oder Eva Santora aus Brasilien. Als »Tänzerin« hatte sie

sich beworben, 9000 Euro in drei Monaten wurden ihr von einer Agentur versprochen. In Wahrheit waren es zwanzig Euro pro Tag, von denen sie auch noch »Vermittlungsgebühren« abzustottern hatte.

»Aufgrund ihrer Mittel- und Orientierungslosigkeit«, so die Staatsanwaltschaft, »gab sie dem Verlangen des Angeschuldigten nach, sich zu prostituieren.« Was das heißt? In der Anklage steht es so: »Er zog ihr die Hose herunter. Als sie versuchte, aus dem Zimmer zu laufen, ergriff er die Geschädigte, drehte diese um, nahm ihren Kopf und drückte diesen nach vorne. Sodann versuchte er in die Scheide der Geschädigten einzudringen … Er stieß sie in den Toilettenraum und schlug dort mehrfach auf sie ein.«

Irina Nabreko, Martina Breslowska und Eva Santora: In ihren Verfahren vor dem Berliner Landgericht geht es um Zuhälterei, um Menschenhandel, um Zwangsprostitution. Die drei Frauen sind als Zeuginnen geladen. Barbara Petersen, ihre Anwältin, sagt: »Es gibt immer wieder Freier, die wissen, dass mit solchen Frauen etwas nicht in Ordnung ist. Ja, einige wollen sie sogar freikaufen.« Angeklagt sind bislang allerdings nur die mutmaßlichen Zuhälter, nicht ihre »Kunden«, die Profiteure eines Sklavenmarktes.

Man kann die Erkundung dieses Marktes im Saal 537 des Landgerichts Berlin beginnen, bei den Frauen, die Barbara Petersen hier vertritt. Die Anwältin vertrat vor Jahren eines der Opfer der Callgirl-Agentur, die auch den TV-Moderator Michel Friedman mit Zwangsprostituierten versorgte. Die Öffentlichkeit bekam damals Einblicke, wie die in Inseraten beworbenen »ukrainischen Nymphen« von ihren Zuhältern misshandelt werden. Die Schriftstellerin Karen Duve fragte: »Wie können so viele Männer in und auf Frauen ejakulieren, ohne deren Not zur Kenntnis zu nehmen?«

Doch ohne prominente Freier ist der Frauenmarkt kein Skandal. Darum verfolgt jetzt auch kein Gerichtsreporter die Verhandlung. Angeklagt ist der Berliner Zuhälter Markus R. Ein blasser Mann, der mit einer Mischung aus Aggression und Nervosität an die Decke des Gerichtssaales blickt, als ein Mädchen mit Sommersprossen und Pferdeschwanz in den Zeugenstand tritt. Die Zeugin – es ist Irina Nabreko – spricht so leise, dass die Dolmetscherin näher rücken muss. Sie erzählt nicht die Geschichte vom unschuldigen Mädchen, das von skrupellosen Menschenhändlern eingesperrt wurde. Ihre Wahrheit ist diffiziler.

Irina Nabreko berichtet, wie sie langsam die Macht über ihren Körper an diesen Zuhälter verlor: »Er sagte, du musst die Beste sein. Er sagte, mit normalem Sex wirst du niemanden überraschen. Dafür haben die Männer ja ihre eigenen Frauen.« Die Russin ahnte damals nicht, was er mit »überraschen« meinte und was sich hinter der Bezeichnung »Callgirl« verbarg. Als sie es spürte, war es zu spät. Markus R. bewarb sie in Inseraten als »Sklavia«. Langsam begriff Irina Nabreko, was es hieß, in einer Nacht zehn, zwanzig Kunden zugestellt zu werden. Darunter »Alte, Grobe und Schmutzige«, wie sie erzählt. Als sie einen Freier abweisen wollte, wurde er, wie Irina es nennt, »sehr, sehr böse«. Danach, sagt sie, habe sie »schwere Schmerzen gehabt«. Seitdem lehnte sie keinen mehr ab. Erst nach Monaten gelang ihr die Flucht.

Glaubt man der Polizei, dann handelt es sich bei der Zwangsprostitution um ein Massenphänomen. Detlef Ubben ist Chef der Abteilung Menschenhandel beim Hamburger Landeskriminalamt, er schätzt: »95 Prozent der Prostituierten sind Zwangsprostituierte.« Aber was bedeutet das? Ubben: »Diese Frauen arbeiten nicht auf eigene Rechnung und nicht selbstbestimmt. Wenn sie sich verweigern, setzt eine brutale Gewaltkulisse ein.« Den Frauen blieben nur zehn Prozent des Lohnes.

Der Ermittler Ubben startete in Hamburg, der Stadt der Reeperbahn, ein bundesweit einzigartiges Modellprojekt. Anstatt zu warten, bis Opfer an die Wachzimmertür klopfen, durchforstet sein Team die Callgirl-Annoncen der Zeitungen, um »offensiv ins Milieu« zu gehen. Die Polizisten besuchen Bordelle und überreichen den Frauen Visitenkarten der Polizei, um so ihr Vertrauen zu gewinnen. Die meisten Prostituierten, sagt Ubben, »sind zwar von Frauenhandel betroffen, aber sie sehen sich selbst nicht als Opfer«. Doch »fast immer«, sagt der Polizist, »setzt irgendwann der Druck ein«. Was darunter zu verstehen ist?

Zunächst fiktive Schulden. Dann Drohungen, auch gegen Verwandte in den Heimatdörfern. Schließlich Prügel »zur Abschreckung«. Manchmal, sagt Ubben, »gab es auch Massenvergewaltigungen«. Was Freier wissen müssen? »Die Wahrscheinlichkeit, auf eine Frau zu stoßen, die nicht will, ist sehr, sehr hoch.« Was müsste geschehen? Das angeblich älteste Gewerbe der Welt, sagt Ubben, sollte endlich gewerberechtlich konzessioniert werden können. Wer dann noch in ein illegales Bordell gehe, nehme in Kauf, gehandelte Frauen vor sich zu haben. Ergibt die Bestrafung der Freier einen Sinn? Ubben sagt: Die Frauen stünden unter enormem Druck, nicht gegen ihre Peiniger auszusagen. »Aber ein Gesetz hätte Signalwirkung. Die Freier müssen begreifen, dass da ein Mensch vor ihnen liegt.«

Man kann den Handel mit Frauen nicht nur in den Städten, sondern vor allem auch in der Provinz aufspüren, am besten dort, wo noch immer die Welt der Wohlhabenden auf das arme Europa stößt. An der deutsch-tschechischen Grenze bei Cheb etwa. Abends leuchten Schilder mit der Aufschrift »Täglich frische Mädchen!«.

Vor einem Container mit dem Schriftzug »Thaimassage« steht ein Auto mit Kindersitz. Ein schwangeres Roma-Mädchen am Straßenrand winkt den Vorbeifahrenden. Die Fenster der Häuser sind mit schwarzen Folien verklebt. Ganze Dörfer scheinen nur noch aus Bordellen zu bestehen. 100 000 deutsche Freier, so die Schätzungen der Behörden, kommen jährlich hierher. Manche Busse tragen die Aufschrift »Ficken Tour«. Wo Deutschland endet, nehmen sich Deutsche alle Freiheiten heraus.

Die Frauen arbeiten in alten Weinkellern, Schuppen und Wohnwagen, in Feldern und Wäldern – und natürlich in den unzähligen Bordellen: bieder wirkenden Einfamilienhäusern mit blickdicht eingezäunten Gärten. In der Pusa-Bar, einem Club mit Perserteppich-Imitaten, Plastikrosen und ausladenden Polstersesseln, erscheint gerade Kundschaft. Männer mit Anzug und Krawatte erkundigen sich bei Petar, einem Mann in Trainingsanzug und mit Cartier-Panter um den Hals, ob sie das halbnackte Mädchen, das am Tresen eine Cola trinkt, mitnehmen dürfen. Sie wiegt, wie der Barbesitzer Petar preist, »keine vierzig Kilo«. Er sagt: »Deutscher Mann steht auf solche Frau.«

Streng genommen dürfte es Bordelle nach tschechischem Recht gar nicht geben, erklärt der Polizeichef von Cheb, Jaroslav Kerbic. Doch weil die Etablissements »Nachtbar« oder »Penzion« heißen, können sie mitsamt ihrer deutschen Klientel ganze Dörfer zerstören. Man muss einmal mit Ludmilla Irmscher durch diese Dörfer fahren, um zu verstehen, dass es hier nicht um Moral, sondern um alltägliche Gewalt geht.

Es ist kurz nach Mitternacht, die Straßenmärkte der Vietnamesen sind weggeräumt, und Irmscher, eine gebürtige Slowakin, steuert ihren silbernen Škoda durch die »rechtsfreie Zone« rund um die deutsch-tschechische Grenzstadt Aš. Sie arbeitet für den sächsischen Sozialverein Karo und kennt viele der Freier, die hier oft stundenlang durch die Straßen schleichen. Ein paarmal pro Woche fahren Irmscher und ihre Kollegen von der Zentrale des Vereins in der sächsischen Stadt Plauen hierher. Auf dem Rücksitz ihres Wagens liegt ein Beutel mit Kondomen, Gleitmitteln, Spritzen und rosa Schwämmen – Spezialtampons für Prostituierte. Die Mitarbeiterinnen von Karo verteilen diese Hygieneartikel an die Mädchen in den Dorfbordellen, in den Roma-Vierteln und auf dem Straßenstrich, wo nicht nur viel zu junge Mädchen, sondern auch völlig verwirrte und ganz offensichtlich misshandelte oder behinderte Frauen auf Kundschaft warten. Die Frauen hier, sagt Irmscher, lebten in ständiger Angst, es sei schwer, an sie heranzukommen, früher oder später würden sie sich »die Welt schön saufen«, oder sie seien »völlig ausradiert« von einer Droge namens Pernik – einem Amphetamin, das hier mit Waschpulver gestreckt und gespritzt wird.

Was diese Szenerie so verrückt macht: Während die Sozialarbeiterinnen ihre durch Spenden finanzierten Tampons verteilen, fahren Freier mit deutschen Autokennzeichen vorbei. Und dann erscheinen die Zuhälter. Sie sitzen mit Ruderleibchen in schwarzen Autos, die ein Vermögen kosten. Wenn sie anhalten, öffnen die Mädchen ihre Bauchtaschen und reichen ihnen das Geld.

Irmscher bremst an einer Holzbaracke, in der drei Mädchen warten. Sie sagen, sie seien achtzehn Jahre alt, und signalisieren, dass sie jetzt nicht lange sprechen können, weil um die Ecke der Zuhälter parkt. Irmscher reicht ihnen Kondome durchs Fenster. Ein Mädchen diktiert ihr ein Münchner Kennzeichen. Der Fahrer habe sie nackt an einen Baum gebunden, erzählt sie, dann vergewaltigt und auf einem Feld ausgesetzt. »Die Freier hier«, sagt Irmscher, »sind oft schwer gestört. Sie schneiden den Frauen gerne mal die Haare ab oder setzen sie im Wald aus. Sie leben ihre Phantasien aus, für die sie in deutschen Bordellen eins auf die Fresse kriegen würden.« Und auch die Zuhälter seien brutaler: Würden Frauen widersprechen, käme es schon mal vor, dass sie »für einige Zeit in eiskaltes Wasser gesetzt« oder mit dem »Aufhängen an den Beinen« bedroht würden. Mehr als zweihundert Frauen habe Karo bereits »rausgebracht«: »Manche springen einfach ins Auto und wollen, dass wir mit ihnen nach Deutschland abhauen.«

Die Sozialarbeiterinnen von Karo verfolgen verschiedene Ziele. Zunächst wollen sie die Frauen vor schweren Krankheiten bewahren – die meisten der Prostituierten sind bereits mit Hepatitis, HIV, aber auch zunehmend mit Syphilis infiziert. Darüber hinaus wollen Irmscher und ihre Kollegen einen Einblick in die »Szene« bekommen. Wie brutal sind die Freier? Woher kommen die Frauen? Es ist schwer, das herauszufinden. »Hier werden die Mädchen ja ständig von einem Dorf ins andere verschoben«, sagt Irmscher.

Während die Politik die Freierbestrafung diskutiert, um den Frauen zu helfen, kämpft Karo ums Überleben. In der tschechischen Dependance des Vereins steht gerade einmal ein alter gynäkologischer Stuhl. Kein Arzt findet sich, um die Mädchen zu untersuchen. Das ist kein Zufall. Der selbstzufrieden wirkende Polizeichef der Stadt beklagt, die Sozialarbeiter hätten »Schande über die Stadt gebracht«. Es sei doch schon genug Schmach, dass die deutschen Freier kämen. Man brauche nicht auch noch deutsche Frauen, die den Tschechen erklärten, was hier auf den Straßen eigentlich los sei. Auf der anderen Seite der Grenze hat der konservativ regierte Freistaat Sachsen Karo die Fördermittel gestrichen, weil es ja kein deutsches, sondern ein tschechisches Problem sei, um das sich der Verein kümmere. Dazu kommt noch der Skandal, den Cathrin Schauer, mehrfach ausgezeichnete Chefin von Karo, ausgelöst hat. Im Auftrag von UNICEF hatte die streitbare Krankenschwester niedergeschrieben, was sie hier selbst gesehen haben will: Kinderprostitution und Pädophilie. Das war kurz vor dem EU-Beitritt des Landes. Die Innenminister Deutschlands und Tschechiens versicherten sich gegenseitig, Karo übertreibe. Seither lebt der Verein von begrenzten EU-Subventionen und Privatspenden, etwa von der Frauenrechtlerin Alice Schwarzer.

Wie repräsentativ ist das, was Helfer wie Ludmilla Irmscher Tag für Tag erleben? Kürzlich legte die London School of Hygiene & Tropical Medicine eine sozialmedizinische Studie über Zwangsprostituierte in Europa vor. Die Forscher hatten Polizisten, Richter, Sozialarbeiter und Prostituierte interviewt. Alle befragten Frauen, so heißt es in der Studie, »gaben an, zu sexuellen Praktiken gezwungen worden zu sein«. Die meisten hatten zwischen zehn und 25 Männer täglich zu bedienen, manche bis zu fünfzig. Die Mädchen berichteten von Gruppenvergewaltigungen, sie gaben an, mit Messern oder Zigaretten verwundet und vor allem immer wieder für lange Zeit alleine eingesperrt worden zu sein. Sie klagten über Knochenbrüche, Bewusstlosigkeit, Geschlechtskrankheiten, über bleibende Schäden nach Abtreibungen. Die Studie hält fest, dass bei vielen Frauen während ihrer traumatisierenden Zeit in den Bordellen chemische Reaktionen im Gehirn ablaufen, die die Wahrnehmung stören. Sie könnten sich später nur noch lückenhaft an ihre Zeit als Zwangsprostituierte erinnern.

In Plauen, in der Küche von Karo, sitzen jetzt drei ehemalige Zwangsprostituierte. Sie essen Bratwürste, lachen, rauchen, und sie erhalten hier langsam wieder so etwas wie menschliche Würde zurück. »Das Grundvertrauen dieser Mädchen wurde erschüttert«, erzählt Ludmilla Irmscher. Jetzt bereiten sie sich auf einen Deutschkurs vor. Die Lehrerin fragt, »wie ich die Damen ansprechen darf«. Ein Hausmeister schließt die Tür, »damit nicht alle reinglotzen«. Dann lernen sie das deutsche Alphabet.

Eine Frau hat nur noch ein paar Zähne, eine andere erzählt, sie wohne nun widerwillig bei ihrem ehemaligen Stammfreier, einem bayerischen Arbeiter. Das dritte Mädchen, eine Rom, bringt nur Wortfetzen hervor. Ob sie das Sprechen verlernt oder nie erlernt hat, wissen die Sozialarbeiterinnen nicht. Die Frau wurde von einem Touristen im Grenzwald gefunden. Sie sei durch Bordelle in halb Europa gekarrt worden, erzählt Irmscher. In Paris sei sie mit anderen Mädchen in einem Keller gelandet. Sie habe etwas von »Morden« erzählt. Es sei unklar, was sie damit meine.

Wie viele Opfer von Frauenhandel es in Deutschland gibt, kann niemand seriös angeben. Heidemarie Rall, Expertin für Frauenhandel des Bundeskriminalamtes (BKA), sagt: »Jede Schätzung ist unseriös.« Nur eines steht auch für sie fest: Die 642 Opfer (etwa zwanzig Prozent davon sind Deutsche), die die Polizei im vergangenen Jahr erfasst hat, sind nur ein winziger Ausschnitt.

Fachleute weisen auf ein großes Problem hin: die Betreuung der Frauen. »Wenn wir Freier bestrafen und diesen Sklavenmarkt aufbrechen wollen, dann müssen die Opfer beschützt werden. Die meisten fühlen sich völlig eingeschüchtert«, sagt Ludmilla Irmscher von Karo. Die Konsequenz: Nur fünf Prozent von ihnen sind bereit, vor Gericht auszusagen. Die meisten tauchen ab, werden abgeschoben oder sind so traumatisiert, dass ihre Aussagen nicht zu gebrauchen sind. »Wir haben hier Afrikanerinnen begleitet, die glaubten, verzaubert worden zu sein«, erzählt die Rechtsanwältin Julia Grohn von der Zentralen Koordinierungs- und Beratungsstelle für Opfer von Menschenhandel in Niedersachsen. Auch die Polizei kennt die Nöte. »Ein Kilo Heroin«, sagt Heidemarie Rall vom BKA, »kann ich bei Bedarf als Beweismittel vorlegen. Ein Opfer von Frauenhandel muss psychologisch stabilisiert werden.«

Doch auch die zuständigen Behörden ziehen längst nicht immer an einem Strang. Während Ausländerbehörden die »Illegalen« gerne schnell abschieben, kämpfen die Ermittler für einen längeren Aufenthalt, weil sie die Opfer in jahrelangen Prozessen als Zeugen brauchen. Opfervereine wiederum beklagen mangelnde Sensibilität der Bürokratie. »Die Frauen fühlen sich manchmal wie Beschuldigte. Viele werden nur so lange gut behandelt, wie sie gebraucht werden«, sagt Ulrike Gatzke vom Hamburger Verein Koofra, der Opfer von Menschenhandel betreut. Vor den Behörden, erklärt Opferanwältin Grohn, »müssen sie dann Dutzende Male jede Kleinigkeit schildern – sogar die Farbe ihrer Unterwäsche, die sie vor Jahren getragen haben«.

Zurück nach Moabit, in den Saal 537 des Landgerichts. Irina Nabreko, die als »Sklavia« dienen musste, hat dem Senat noch einmal jedes Detail ihres Martyriums geschildert. Ihr Zuhälter, sagt Opferanwältin Petersen, werde dennoch nur »einen Witz an Strafe bekommen«. Milde spürte auch der Menschenhändler, der die Brasilianerin Eva Santora misshandelte und die Russin Martina Breslowska verkaufte. Das Gericht verurteilte ihn zwar zu drei Jahren und sechs Monaten Haft, der Täter darf die Strafe aber vermutlich im offenen Vollzug ableisten. Der Vorwurf, er habe die Frau vergewaltigt, erzählt Petersen, sei nach einem Deal zwischen Anklage und Verteidigung fallen gelassen worden, »ohne dass das Opfer auch nur als Zeugin geladen worden wäre«. Die Frau kämpft nun um Schmerzensgeld. Der Täter aber betreibt noch immer sein Bordell. So, sagt Petersen, »sieht der alltägliche Sklavenhandel in Deutschland aus«.

»Früher war hier das Ende der Welt« –
An Österreichs Grenze

I.

Am Dorffriedhof von Leopoldschlag liegt ihr namenloses Grab. Keine Inschrift verrät, woher sie kam und wohin sie wollte. Die Mühlviertler Zeitungen berichteten von einer »zierlichen Asiatin«, die angeblich »im Sumpf des Populismus« stecken blieb. »Die Geschichte ging an meine Grenzen«, erinnert sich Chefinspektor Franz Grubauer, ein rechtschaffener Gendarm, der hier an der tschechischen Grenze seit 1971 Dienst versieht. Aus der Lade des Wachzimmertisches kramt er jenen Bericht hervor, den er über das »Drama an der Grenze« verfasst hatte. Ein Foto zeigt die Tote. Da liegt sie, ohne Schuhe, im Gras, ihre Hand umklammert die Handtasche. Schlepper hatten die Frau in einer stürmischen Nacht versehentlich in das Sumpfgebiet beim Grenzfluss Maltsch getrieben. Nach einem Schwächeanfall brach sie zusammen, schleppte sich noch Stunden am Boden dahin, gab dem Schlepper ihr letztes Geld. Der nahm ihr auch noch zwei Goldringe vom Finger. Am nächsten Tag fand ein Jäger die Leiche der Frau, gleich neben einer Tafel mit der Warnung: »Achtung, Staatsgrenze!«

Wer diese Staatsgrenze unbefugt überschreitet, begeht rechtlich gesehen bloß ein Verwaltungsdelikt. Strafdrohung: rund fünfzig Euro. Die Exekutive aber nennt die Grenzgänger »Illegale« und betrachtet sie mitunter wie Angehörige einer feindlichen Macht. Eine Meldung der Gendarmerie:

»Vier Illegalen gelang es, den Fluss zu durchschwimmen. Ein Somali ist ertrunken, einer erlitt Erfrierungen. Ihr Verhalten zeigt eine besondere Ignoranz der österreichischen Gesetze und eine Störung der öffentlichen Ruhe, Ordnung und Sicherheit.«

Die Gendarmerie schafft die Sicherung der Grenzen nicht alleine. 295 000 Rekruten mussten dem Innenministerium in den letzten fünfzehn Jahren beim so genannten »Assistenzeinsatz« am östlichen Teil der Schengengrenze dienen. Neunzehn davon setzten sich während dieses Dienstes die Waffe an den Kopf und drückten ab. »Liebschaften, zerrüttete Familienverhältnisse, Schulden. In keinem Fall gab es einen ursächlichen Zusammenhang mit dem Assistenzeinsatz«, beruhigt ein Sprecher des Heeres in sachlichem Ton. Das Heer nennt die Schengengrenze ganz offiziell den »Gefechtsstreifen«. Über ihm kreisen »Eulen«, wie die Hubschrauber des Innenministeriums genannt werden. Eine Gendarmerietruppe hat sich selbst einmal »Sonderkommission Taliban« genannt.

So schützt Österreich seine Grenze, eine Schicksalslinie, die noch immer durch den Eisernen Vorhang geprägt ist. Für die Österreicher trennt sie noch immer den Osten vom Westen, die Reichen von den Armen.

II.

Grenzübergang Wullowitz. Ein Dieb blickt aus der Zelle des Gendarmeriepostens und wartet, bis die Beamten seine Beute zu kleinen Pyramiden aufgeschlichtet haben. Er hat Rasierklingen und elektrische Zahnbürsten geklaut. »Früher war hier das Ende der Welt«, erklärt Hauptmann Franz

Schmalzer, ein junger, engagierter Gendarm. »Als wir Kinder waren, haben wir uns gefragt, wie es wohl auf der anderen Seite des Flusses aussieht.« In der Volksschule unternahmen die kleinen Mühlviertler Ausflüge in die Nähe des Zaunes, sie kletterten auf Hügel, sahen hinüber zu den grauen Kasernen der Kommunisten. In der Chronik der Grenzgendarmerie sind viele brutale, aber auch absurde Geschichten aus jener Zeit notiert.

Eine Mühlviertler Kuh verirrte sich da einmal in eine tschechische Kolchose und durfte nicht mehr zurück. Ein anderes Mal suchte sich der Grenzfluss Maltsch nach Unwettern ein neues Bett, ein Bauer ackerte irrtümlich im Reich des Bösen und wurde sofort verhaftet. Eine richtige Staatsaffäre war das damals, erinnern sich die Beamten. Alte Fotos zeigen österreichische Hofräte und kommunistische Generäle, die in dunklen Limousinen vorfuhren, um an der Grenze über das weitere Schicksal des Bauern zu beraten. Er kam frei.

Manche kamen erst nach Jahren und mit entsetzlichen Geschichten zurück. Der Edi zum Beispiel, ein Schulfreund des Grenzbauern Franz Duschlbauer. Edi wurde für einen Spion gehalten und am Grenzzaun verhaftet. »Die nahmen ihn mit, steckten ihn in ein Uranbergwerk und gaben ihm Salzwasser, wenn er trinken wollte«, erzählt Duschlbauer.

Der rüstige Landwirt sitzt in seiner großen Küche. Wenn er rausschaut aus dem Fenster, blickt er ins Nachbarland. Als Kind ist er ja drüben, im heutigen Tschechien, zur Schule gegangen. Da war hier keine Grenze.

Von seinem Hof aus konnte der kleine Duschlbauer die europäische Geschichte miterleben. Zuerst wüteten Nazis in den Dörfern, und die Tschechen verschwanden. Dann kamen Russen und Amerikaner, und die Nazis verschwanden.

Über Nacht standen Hunderte Flüchtlinge aus dem Sudetenland vor dem Hof, »mit armselige Wagerln und schweren, feschen Ross«. Als die Kommunisten kamen, wurde es totenstill. Der mächtige Vierkanter des vertriebenen Nachbarn jenseits der Grenze wurde von Baggern planiert. Nur dessen Obstgarten blüht heute noch am Grenzstreifen – auf österreichischer Seite. Die Kommunisten spannten elektrische Drähte, zogen Wachtürme hoch, verminten die Wiesen. Wenn Duschlbauer mit seinem Traktor das Feld neben dem Grenzzaun pflügte und hinübergrüßte, drehten sich die kommunistischen Soldaten demonstrativ weg. Er galt schließlich als Klassenfeind. Nur selten kamen Flüchtlinge durch. Einmal versuchte ein Liebespaar, mit dem Motorrad durch den Zaun zu rasen. Er ist »mit dem Gesicht in den Strom gekommen«, erinnert sich Duschlbauer, die Nase sei »weggebrannt« gewesen, gezittert habe er »wie ein Kasperl«. Drüben hätten die Tschechen geballert. Das Liebespaar wurde gerettet und von den Mühlviertlern wie Helden gefeiert.

So sah diese Grenze noch vor zwei Jahrzehnten aus – und die Österreicher waren stolz, auf der Seite der Freiheit zu leben. »Die Flüchtlinge waren Helden, und wir waren Helfer«, sagt auch Chefinspektor Franz Grubauer. Doch als dieser Vorhang plötzlich weg war, »hab ich das nicht verarbeiten können«. In den Dörfern erzählten einander die Leute, dass »drüben bei den Behm« die Gefängnisse aufgemacht wurden. Es brach »die Rumänenzeit« an, wie Grubauer es nennt. In den Scheunen hätten fremde Gestalten genächtigt, Autos seien aufgebrochen worden. Und plötzlich kamen Menschen, die völlig anders aussahen: Afghanen, Inder, Tschetschenen, Afrikaner. »Einer hatte seine Füße nur in ein Nylonsackerl eingewickelt«, erinnert sich Grubauer. Die Ansässigen verspürten Angst, und es wurde ihnen Angst gemacht.

III.

Wer die Staatsgrenze passiert, gelangt in das Dorf Dolní Dvořiště. Die Wullowitzer Bauern erzählen, dass man hier in den vielen Casinos und Puffs angeblich »gratis essen und trinken kann«. Für zehn Euro Eintritt kriegst du, so viel du willst, erzählten sie. Sogar Tintenfisch. So etwas wie Globalisierung hat sich breit gemacht am Rande des Böhmerwaldes. In den alten, ehemals deutschsprachigen Dörfern halten tagsüber asiatische Gastarbeiter ihre Märkte ab, und würden nicht die alten Tschechen aus den Fenstern schauen, man käme sich vor wie in einem südostasiatischen Straßendorf. Viele Waisenkinder des Vietnamkrieges, einst vom tschechoslowakischen Bruderland aufgenommen, leben hier. Alle verkaufen dieselben Billigklamotten und Feuerzeuge, die lustige Melodien spielen, wenn man sie öffnet. Die Behörden glauben, dass viele dieser Vietnamesen auch als Schlepper arbeiten, um überleben zu können. Auch die in Leopoldschlag aufgefundene Chinesin war von Vietnamesen an tschechische Schlepper vermittelt worden.

Wenn es Nacht wird, verwandeln sich die Grenzdörfer in Bordelle. Dann reflektieren Wegweiser mit der Aufschrift »Paradiso«, »Afrodita« oder »Kamasutra-Club« das Scheinwerferlicht. Davor parken Autos mit österreichischen Kennzeichen. Ein Wegweiser führt zur »Lonly Bar«, die am Rande der kleinen Waldsiedlung im Dörfchen Jenin steht. Ein weißes Häuschen mit kleinen, zugeklebten Fenstern.

»Hier in der Nachbarschaft gibt es schon zwölf Puffs. Die Konkurrenz ist ein Wahnsinn«, klagt Ronald Grübling. Irgendwie hat er sich das alles einfacher vorgestellt. Einst war er Installateur in der Grenzstadt Gmünd, jetzt steht er in Pyjamahose und Sandalen auf dem Balkon, auf dem nächtens ein Neonherz flackert. Mit Unterstützung seiner Eltern versucht er sich als Bordellbetreiber. »Ich bin der einzige mit Poolbar«, erklärt Grübling stolz. Für ein Foto klettert er in das traurig leere Schwimmbad, setzt sich auf einen Barhocker und hebt das Glas, als gäbe es hier irgendwas zu feiern.

Es ist bizarr zu beobachten, wie sich hier eine österreichische Familie im Sexbusiness versucht. Der Vater schaufelt Schotter in die Schlaglöcher der Zufahrt, und die Mutter wäscht den »Animierbereich« auf, in dem der Sohn »Penisaschenbecher« aufgestellt hat – »original aus Manila«, wie er erzählt. Und die drei Frauen, die hier am Abend tanzen sollen, tratschen gelangweilt am Pool. Eine trägt Hausschuhe aus Plüsch, die aussehen wie Bärentatzen. Die andere bastelt eine kleine Krone aus Löwenzahnblüten. Warum sie hier ist? Sie komme aus Litauen, müsse ihr Kind irgendwie über die Runden bringen. Also spielt sie die »naturgeile Ostblockbraut« für Mühlviertler Wochenendtouristen.

Drüben in Österreich wäre so ein Betrieb wohl verboten. Und auch die tschechischen Behörden machen Grübling immer mehr Druck. Bald soll es ein neues Prostitutionsgesetz geben, das die Dörfer von diesem Grenzverkehr befreien wird. »Die sieben Thailänderinnen, die ich bestellt habe, kriegen schon jetzt keine Visa«, klagt Grübling. Wie komme er eigentlich zu den Frauen? »Kontakte, Kontakte«, sagt er. Und: »Ich versuche, Madln zu finden, denen es schlecht geht.« Mal fährt er ins ärmliche Ostrava, mal an den Straßenstrich bei Bayern. Nur in der Nachbarschaft dürfe er keine »Dirndln« abwerben. »Sonst brennt die Hütte ab. Hier herrschen geordnete Verhältnisse.« Und wenn die Frauen nicht mehr für ihn arbeiten wollen? »Dann muss ich ihnen zeigen, wer der Herr ist«, sagt Grübling. Nein, Gewalt gebe es nicht. Aber der Konkurrent im Nachbardorf, erzählt er,

»hat seine Madln eingesperrt, die Fenster mit Brettern vernagelt und die Pässe kassiert«. Das soll jetzt nicht aufgeschrieben werden, sagt Grübling, »sonst glauben die Leute, dass wir die Menschenrechte verletzen«.

IV.

Rückfahrt über die E 55. Puffs, Casinos, Puffs, sanfte südböhmische Landschaft, ein paar Fertigteilhäuser künden vom Wirtschaftsaufschwung. Viele Frauen winken am Straßenrand. Selbst Puffbesitzer Grübling bemerkt, »dass es denen wirklich dreckig geht«, dass die nur »ein Bett, ein Packl Tschick und ein warmes Essen am Tag« bekommen. In den Tankstellenrestaurants würden die Zuhälter wachen und das Geld der Frauen verspielen.

Es regt sich Sorge um diese rechtlosen Frauen und ihre Not. Das Uno-Kinderhilfswerk UNICEF hatte erst vor wenigen Jahren eine Studie präsentiert, wonach am deutsch-tschechischen Straßenstrich sogar Kinder angeboten würden. Es herrsche nackte Gewalt, berichtete die UNICEF.

Ob es hier an Österreichs Grenze ähnlich zugeht? Paula Wessely von der Linzer Initiative Social Impact hat Prostituierte interviewt. Social Impact, eine Gruppe engagierter Künstler, hat es satt, dass Frauen gedemütigt oder in den Sumpf getrieben werden. Aus den Gesprächsprotokollen: Barbara: »Der hatte einen Anzug und eine Krawatte. Wie ein Präsident sah er aus. Das Auto schön, sauber. Und auf einmal so ein Schwein.« Martina: »Sie schnappen dich bei den Haaren, und du musst es machen. Oder sie ziehen ein Messer raus und drohen dir damit. Ich mache die Arbeit, weil ich ein kleines Kind hab.« Svetlana: »Er hat mir eine Pistole an den Kopf gehalten. Und dann war da einmal einer mit einem Baseballschläger.« Maria: »Es gibt hier einen älteren Polizisten. Wenn ihn jemand wütend macht, dann nimmt er ein großes Auto, sammelt alle Mädchen ein, bringt uns in den Wald, und dann fahren wir zehn Kilometer. Dann schmeißt er zum Beispiel mich raus. Dann schmeißt er das nächste Mädchen raus. So macht er das.«

Gemeinsam mit Sozialarbeitern erarbeitet Social Impact nun einen Deutschkurs, der auf CD gepresst und an die Frauen verteilt wird. Nur wer die Sprache kann, kann widersprechen, sagt Harald Schmutzhard, ein umtriebiger Linzer Künstler und Aktivist von Social Impact. Er setzt sich seit langem mit der Grenze und mit dem Rechtsstaat an der Grenze auseinander.

Manchmal argumentiert er durchaus radikal: Die EU agiere an der Grenze zunehmend wie der ehemalige Ostblock und mache die Grenzen so dicht, dass Menschen letztlich auch sterben müssten. Es werde den Flüchtlingen zwar nicht nachgeschossen, aber zu Todesfällen komme es dennoch. Die europäische Asylpolitik würde strukturelle Gewalt erst ermöglichen. Schmutzhard fragt: »Sind wir nicht mitverantwortlich für die Toten?«

Natürlich ist der Vergleich mit den Kommunisten übertrieben. Die schossen den Leuten in den Rücken. Die Mühlviertler Gendarmen und die ballernden Genossen von einst, sie haben nichts miteinander gemeinsam.

Dennoch weist Schmutzhard hier auf einen heiklen Punkt. Erzeugt der Staat hier nicht die Kriminalität, die zu bekämpfen er vorgibt? Wird hier nicht maßlos überreagiert, wenn wie es nun geplant ist – selbst Fluchthelfer, die sich im Gegensatz zu Schleppern nicht persönlich bereichern, mit bis zu einem Jahr Gefängnis bestraft werden sollen?

Im Jahr 2001 ertranken achtzehn Inder in der March, als sie von der Slowakei nach Tschechien schwimmen wollten. Schmutzhard wollte Behörden und Öffentlichkeit anlässlich dieses Falles mit einem ungewöhnlichen Projekt provozieren. Er recherchierte sichere Routen über die grüne Grenze und publiziert Wanderkarten in einem harmlosen Wanderführer mit dem Titel »Sichere Einwanderungsrouten nach Europa, Sektor Tschechien – Österreich«. In einem einleitenden Kapitel gibt er auch noch Tipps für die Flucht: »Geh bei Tag. In der Nacht verwenden die Beamten Nachtsichtgeräte. Du fühlst dich sicher, doch in Wahrheit wirst du schon von weitem beobachtet. Nimm keine Kinder unter acht Jahren mit. Trage lange Kleidung – wegen der Dornen, Mücken und Zecken.« Es sind harmlose Zeilen – und dennoch forderten sie die Republik heraus.

V.

Wien, Bundeskriminalamt. »Hut ab, das ist ganz professionell gemacht«, sagt Gerald Tatzgern, der junge, ehrgeizige Chef der Abteilung für Menschenhandel und Schlepperei über Schmutzhards Webpage. In seinem Büro liegt ein kleiner Teppich. Ein Geschenk des aserbaidschanischen Innenministers. Daneben eine Keule aus Holz – ein Präsent der ukrainischen Polizei. Schlepperei wird hier international bekämpft. Tatzgerns Beamte haben die Webpage von Social Impact studiert und sind voll in die Provokationsfalle getappt. Das Innenministerium hat Schmutzhard bei der Staatsanwaltschaft wegen Schlepperei angezeigt. Vergeblich. Noch ist die Freiheit der Kunst stärker. Tatzgerns Leute verschicken überhaupt gerne Sachverhaltsdarstellungen. Vergangenes Jahr hatte der Kriminalist zwei Asylanwälte wegen »Schlepperei« und »Ungehorsam gegen Gesetze« angezeigt. Ihr Vergehen: Sie hatten in Tschechien ihre Visitenkarten an Flüchtlinge verteilt. Tatzgern sagt: »Wir wollten wissen, wo die Grenzen des Erlaubten für Anwälte sind.«

Tatzgern hat sich in wenigen Jahren vom Ottakringer Kriminalbeamten zum Berater der Innenministerin hochgearbeitet. Er liefert der Politik die Argumente, mit denen schärfere Fremdengesetze öffentlich verkauft werden können: Kampf gegen Schlepper, Kampf gegen Asylmissbrauch. Tatzgern hat Fotos und Horrorstorys sofort bei der Hand. »Da, eine ganz aktuelle G'schicht. Die haben den Motor ausgebaut, damit Flüchtlinge Platz haben.« Und hier ein Bild von einem Kastenwagen, in dem ein doppelter Boden eingebaut wurde. »Auch wenn es sehr gemütlich aussieht, da lauert die Erstickungsgefahr.« Und diese von oben bis unten verdreckten Wohnungen: »Da wurden 25 Chinesen auf sechzig Quadratmetern zusammengepfercht. Wie die Tiere«, sagt Tatzgern.

Tatzgern weicht aus, wenn man ihn fragt, ob nicht auch die restriktive Einwanderungspolitik an diesen erbärmlichen Zuständen mitverantwortlich ist. »Das ist eine politische Frage«, sagt er. Er sei dazu da, die Gesetze des Staates zu vollziehen. Wenn er in seine Akten blickt, dann sieht er Scheintouristen, Scheinehen, Scheinadoptionen, Scheinfirmen. Immer öfter werde das Recht umgangen. Tatzgern sagt: »Ich hab ein Problem mit Menschen, die den Staat schädigen.« Er erzählt von schwangeren Rumäninnen, die bei Briefkastenfirmen angestellt wurden, damit sie dann in Bukarest österreichisches Karenzgeld beziehen. »Damit leben die da unten ganz gut«, glaubt er. Zum Abschied sagt er: »Ich kenne Tschetschenen, die 2000 Euro Bargeld und einen neuen Reisepass in der Tasche haben. Die haben Asyl gekriegt. Da frage ich mich, ob das gerecht ist. Ich sage: Nein!«

VI.

Linz. Schubhaft. Hier sitzen jene Grenzgänger, zu denen Polizisten wie Tatzgern »Nein« sagen. Im Innenministerium hatte der Pressesprecher noch behauptet, dass Linz ein »Vorzeigegefängnis« sei. Es gebe eine »offene Station« für »Illegale«, und es gebe sehr engagierte Beamte und weniger »Selbstbeschädigungen« oder Hungerstreiker als anderswo.

Das Vorzeigegefängnis sieht in Wirklichkeit so aus: Klomuschel neben den Doppelbetten. Uringeruch. Kalter Rauch. Manche Zellen sind mit schweren Decken abgedunkelt, weil darin ferngesehen wird. Frische Luft nur bei einem Rundgang im vollständig betonierten Spazierhof, der sich auf einem Dach befindet – aber ohne Ausblick. Auf ein Eisentor hat jemand »Negar raus!« geschrieben. An den Wänden der Zellen Zeichnungen von Moscheen, russische Parolen in kyrillischer Schrift oder Pornobilder. Ein Beamter sagt bei der Begrüßung: »Das gehört alles abgerissen. Was das hier kostet, kann kein Illegaler fladern.«

Im Schnitt sitzen die »Illegalen« vier Wochen hier. Neulich war einer sechs Monate da, länger ist es nicht erlaubt. So lange dauerte es, bis ihn sein Heimatland zurücknehmen wollte.

Vor knapp 25 Jahren wurde dieses Gefängnis für jene gebaut, die ihre Polizeistrafe nicht zahlen konnten. Von Flüchtlingsströmen war damals keine Rede. Ein paar Stunden sollten die Menschen hier sitzen. Vielleicht ein paar Tage. Nun drängeln sich die »Illegalen« monatelang unter Bedingungen, die in keiner Strafanstalt mehr zu finden sind. Geleitet wird dieser Kotter von Hofrat Erwin Fuchs. Er wirkt aufgeschlossen, und er bittet um »wohlwollende Berichterstattung, weil wir nichts für die baulichen Zustände können«. Ja, es sei unzumutbar, sagt er, »dass Menschen einander wochenlang beim Scheißen zuschauen müssen«. Der Menschenrechtsbeirat habe das auch gerügt. Aber es sei auch schwierig, die Klos einzumauern – wegen der Lüftung.

Die Schubhaft darf keinen »Strafcharakter« haben, sagt das Gesetz. Hofrat Fuchs erklärt die Hausordnung: »Zunächst kommen alle in eine geschlossene Zelle. Wenn der Häftling eine Zeit unauffällig war, dann gibt's die Möglichkeit, dass er in die offene Station kommt. Das soll schon auch ein Zuckerl sein.« Bezirksinspektor Christian Schmidt erläutert den Tagesablauf: »Wecken sechs Uhr. Dann Körperpflege. Dann Zellen reinigen. Wenn die Zellenreinigung in Ordnung ist, wird der Fernsehraum aufgesperrt. Wenn die Leute den Sender gewechselt haben wollen, stellen sie sich mit einer Tafel vor unsere Überwachungskamera. Wir schalten dann um. Am Nachmittag eine Stunde Spaziergang im Hof.« Hofrat Fuchs sagt: »Wenn sie sich die Leute anschauen, die da herumstehen, ganz unglücklich sehen die nicht aus.« Das Essen, versichern die Beamten, sei ausreichend und gut: »Der Moslem kriegt einen Truthahnaufstrich, wenn die anderen einen Leberaufstrich kriegen. Der Chinese kriegt, wenn er es verlangt, jeden Tag Reis.« Ist schon einmal wer geflüchtet? »Sehr selten«, erklärt ein Beamter, »die meisten Leute sind ja keine Verbrecher, die wollten ja nur hier bei uns leben.«

VII.

Schattendorf, Burgenland. Auf einem Hochstand steht Major Wolfgang Gröbning und erklärt die Rechtslage: »Es ist verboten zu schießen. Der Illegale begeht ja kein Verbrechen.«

Unter dem Wachposten markiert Dornengebüsch die Grenze. Drei Rekruten schauen durch Feldstecher auf die satten, grünen Felder. »Da schauen Sie, Herr Major, eine Weihe! Der einzige Greifvogel, der am Boden brütet«, meldet ein Soldat. Sonst keine besonderen Vorkommnisse.

Hier, in Sichtweite der Stadt Sopron, begann der Zerfall des Ostblocks. Im August 1989 fand hier das »Paneuropäische Picknick« statt. Der Eiserne Vorhang wurde einen winzigen Spalt geöffnet, und 800 DDR-Bürger konnten in den Westen fliehen. Ein paar Wochen später fiel die Berliner Mauer und dann die gesamte Sowjetunion. »Die Ungarn haben nicht gewusst, ob sie schießen sollen«, erinnert sich Gröbnig. »Da hat dann die illegale Migration angefangen«, fällt seinem Vorgesetzten, Oberst Sepp Erhard, dazu ein. »Horrorzustände« hätten geherrscht, niemand habe mehr die Wäsche draußen gelassen. Die Politik, erinnert sich der Oberst, habe schnell reagiert. Nur ein Jahr nach dem Fall des Vorhangs quartierte sich das österreichische Bundesheer in kleinen aufgelassenen Gasthöfen und Containerdörfern ein.

Ein ahnungsloser Besucher könnte fast glauben, dass hier irgendwo eine Schlacht ausgefochten wird. In Wahrheit werden hier nur illegale Grenzgänger gesucht und an die Gendarmerie übergeben. Da ein Heer eben militärisch organisiert ist, kommt es niemandem ungewöhnlich vor, dass hier »Gefechtsstände«, »Assistenzkompanien«, »Assistenzbataillone« und »Züge« eingerichtet werden. Ausgerüstet mit der

Nachtsichtbrille »Lucie« und dem Wärmebildgerät »Sophie« sichern täglich 2200 Rekruten das Gelände. Abwehren können sie kaum jemanden. Die Soldaten dürfen keinen Schritt über die Grenze setzen, und schießen oder drohen dürfen sie natürlich auch nicht. 85 000 »Illegale« aus 118 Ländern sind also erst »nach dem Einsickern aufgegriffen« worden, wie das hier heißt. »Manche robben vor und tarnen sich. Sie verharren stundenlang an Ort und Stelle«, erklärt Oberst Erhard. Die Masse würde sich aber »freudestrahlend« festnehmen lassen.

Die Frauen im Feuer –
Ein paar Euro für die schnelle Nummer

Ihre Freier nannten sie »Katerina die Große«. Sie hatte von einem eigenen Haus geträumt. Am Ende reichte das Geld nicht einmal für die Überstellung ihres Leichnams in ihre Heimat Tschechien.

Ihr Begräbnis fand am Friedhof der Kleinstadt Asparn an der Zaya im niederösterreichischen Weinviertel statt. Nur der Pfarrer und der Bürgermeister begleiteten den Sarg. In fünf Minuten war die Einsegnung beendet, ein streunender Hund bewachte das offene Armengrab. Da lag sie nun, »Katerina Vavrova, 1984 bis 2007«, verkohlt, die Hände abgehackt. Ein Bauer hatte die Straßenprostituierte auf einem Bahndamm gefunden. Das nächtliche Feuer hatte niemand gesehen.

Der Mord an Katerina Vavrova wäre in Vergessenheit geraten, hätten Arbeiter im 25 Kilometer entfernten Hohenruppersdorf kürzlich nicht wieder eine Leiche gefunden. Im Schatten von Windrädern und hinter dem Rücken eines steinernen Herrgotts lag in den Weingärten wiederum der Leichnam einer verkohlten Frau. Ihr Schädel war eingeschlagen, der Körper mit Benzin überschüttet worden. Die Prostituierte hieß Petya Filkova und wurde 24 Jahre alt. Sie kam aus der bulgarischen Kleinstadt Plewen und hinterlässt zwei Kinder.

In ein Auto gelockt, erschlagen und verbrannt. Die ähnliche Vorgangsweise lässt die Kriminalpolizei glauben, dass es sich um einen Serientäter handelt. Die Fahnder überprüfen nun noch weitere ungeklärte Morde. Im Jänner 2005 lag in der Nähe von Graz eine verkohlte Frau. Drei Jahre später entdeckten Wanderer eine mit Benzin übergossene Leiche bei Völkermarkt. Nicht nur die brutale Gewalt der Freier, auch jene der Zuhälter überrascht die Polizei. Eine Rumänin wurde kürzlich in Wien-Favoriten mit Benzin übergossen und angezündet. Auf der Linzer Straße wollte die Frau anschaffen, ohne Schutzgeld abzuliefern. Entstellt liegt sie auf der Intensivstation.

All diese Fälle haben eines gemeinsam: Sie füllen kurz die Zeitungen und sind bald wieder vergessen. Dabei sollten die Verbrechen die Politik aufrütteln. Eine Wiener Stadträtin verkündete vor kurzem, das Prostitutionswesen neu regeln zu wollen. In dunklen Gassen sollen die Prostituierten künftig stehen. Aus den Augen, aus dem Sinn. Experten warnen, dass Frauen wie Katerina Vavrova und Petya Filkova noch öfter in den Autos perverser Freier und in den Fängen rivalisierender Zuhälter landen könnten. Das Milieu habe sich seit dem EU-Beitritt Rumäniens und Bulgariens verändert. Es wurde ärmer, brutaler, verschwiegener, billiger und kranker. Rotlichtfahnder, Sozialarbeiter und nicht zuletzt die verängstigten Prostituierten konstatieren schon lange eine Brutalisierung am Straßenstrich. Sie erzählen von Revierkämpfen stiernackiger Zuhälter, die sogar mit Äxten aufeinander losgehen. Auch von einer unverantwortlichen Repression der uniformierten Polizei ist die Rede. Im Visier der Exekutive stehen jedoch nicht ungemütliche Freier oder grausame Strizzis, sondern die Frauen.

Katerina Vavrova und Petya Filkova: Unter welchen Bedingungen arbeiteten sie? Erzählen die an ihnen begangenen Verbrechen auch etwas über die Prostitutionspolitik? Welche Fakten müssen Freier kennen, welche Fragen müssen sie stellen?

Wien, Rossauer Lände, Landeskriminalamt. In einem kleinen Büro steht ein Aquarium, rundherum Sofas, auf ihnen sitzen geeichte Rotlichtfahnder. Einer sieht wie Al Capone aus, ein anderer wie Kottans einbeiniger Hilfssheriff Schremser, der dritte wie Schimanski.

Sie kennen die Szene, die Verbrechen, die Nöte der Frauen, die Brutalität der Männer. Und befragt man den Kriminalbeamten Albert Lager, einen drahtigen Polizisten von der Wiener Prostitutionsgruppe, zur Lage, dann klickt der Zigarillo-Kettenraucher auf seinem Dienstcomputer Fotos herbei und sagt: »Schauen Sie sich das einmal an.« Lager zeigt zunächst Bilder von Quartieren von nach Österreich geschleppten Prostituierten am Lerchenfelder Gürtel, Bettgeher-Elend am Beginn des 21. Jahrhunderts. Die Studenten in den gegenüberliegenden Gürtelbögencafés ahnen nichts von den Zuständen auf der anderen Straßenseite. Mit Kindern, Großeltern und Cousins leben Roma-Familien bedrängt bei Wucherzins.

Lager klickt ein weiteres Bild herbei. Es zeigt eine blonde Frau, deren Kopfhaut an einigen Stellen weiße Flecken aufweist. Die abgebrühten Kriminalisten in Lagers Dienstzimmer werden still, sie unterbrechen ihre Schnurren über alte Strizzis, »die im Wolfspelzmantel in US-Schlitten« über den Gürtel rollten und ihre »Gürtelkatzen« bewachten. »Polenparty, Wodka und gemma Vollgas«, erklärt Lager die Geschichte des Bildes. Lager sagt: »Das Mädchen hatte weniger als fünfzig Euro abgeliefert.«

Ist der Fall repräsentativ für die Lage der Straßenhuren? Lagers Leute wissen es nicht, Polizisten sprechen von einer »Gewaltkulisse«, vor der die Frauen arbeiten. Sie funktioniere einmal brutal, einmal subtil. Wer aussteigen will, der wird auf den Websites von Bordellen mit vollem Namen ausgestellt. In den Heimatdörfern der Frauen bedeutet das den sozialen Tod, die Verbannung.

Mehr als siebenhundert Verfahren werden auch in Wien wegen Menschenhandels und Zuhälterei pro Jahr eingeleitet, aber nur jeder siebte Fall endet mit einer Verurteilung. Eingeschüchtert durch Zuhälter, stigmatisiert durch Behörden, kriminalisiert durch veraltete Polizeigesetze, wagen es nur wenige Opfer, sich spezialisierten Fahndern anzuvertrauen.

Katerina Vavrova hatte wohl kein großes Vertrauen zur Exekutive. Immer wenn er Vavrova antraf, so erinnert sich ein Kriminalist, sagte sie: »Muss ich wieder Strafe zahlen?« Ja, das musste sie immer wieder. So wie alle Huren im Stuwerviertel. Denn die Gegend wurde von der Stadt zur Sperrzone erklärt. Die Prostitution ist hier sogar in den Bars verboten. Strafbar machen sich allerdings nicht die Freier, sondern die Frauen.

Für Katerina Vavrova hatte diese Gesetzgebung weitreichende Konsequenzen. Sie arbeitete zunächst in einem Stundenhotel in der Stuwerstraße. Dort saß sie im Eingangsbereich, putschte sich mit Red Bull auf, konnte bei Bedarf für ein paar Euro ein Zimmer mieten und im Ernstfall den Hotelbetreiber zu Hilfe rufen. Genervte Anrainer aber hatten die Prostituierten, darunter auch Vavrova, gefilmt und die Polizei alarmiert. Das Stundenhotel wurde geschlossen, der Besitzer angezeigt.

So wich Vavrova auf den unbeleuchteten Straßenstrich beim Prater aus. Statt in sicheren Stundenhotels müssen die Prostituierten dort in Gebüschen oder in den Autos der Freier arbeiten, dort, wo sie keine Puffmutter und kein Strizzi »bewacht«. Und Petya Filkova, die zweite Tote? Auch sie war als Prostituierte gemeldet und arbeitete dennoch illegal in Wien-Fünfhaus, wo Straßenprostitution de facto verboten ist. Dort gibt es zwar Stundenhotels, aber es wimmelt vor Zuhältern, die den Mädchen enorme Standgebühren abpressen.

Vermutlich kam auch Filkova unter massiven finanziellen Druck, zumindest vermuten das die Huren an ihrem Standplatz. »Wir berichteten ihr von einem Perversen, der ein Mädchen in den Wienerwald entführte. Ein anderes Mädchen musste aus einem davonrasenden Auto springen«, erinnert sich eine Prostituierte. Doch sie stieg weiter zu den Fremden ins Auto.

Und wer sind die »Strizzis«? Während Inspektor Lager seine Fotos zeigt, werden gerade zwei Stiernacken in ein Verhörzimmer geführt. Federnden Schrittes und mit Trainingsanzügen wirken sie wie Schwergewichtsboxer aus Osteuropa. Es sind erstaunlich viele Roma, die nun den Strich kontrollieren. Mit den alten Wiener Zuhältern, die ihren Mädchen auch mal Pelze schenkten, haben sie nichts zu tun. Lager sagt: »Manche fahren mit ihren Cousinen oder Töchtern her, die schminken sich im Auto, holen Gummis aus dem Kofferraum, warten bis fünf Uhr früh, verschwinden kurz und reichen das Geld sofort an den Aufpasser, der es im nächsten Wettcafé verspielt.«

Lager zieht eine Liste mit den registrierten Prostituierten aus der Schublade. Nur noch 186 Österreicherinnen sind in Wien gemeldet. Ihnen stehen 620 Ungarinnen, 500 Rumäninnen, 200 Bulgarinnen, 160 Slowakinnen gegenüber. Und das sind nur die legal gemeldeten Sexarbeiterinnen. Lager sagt: »Es wimmelt auf der Straße. Wir bräuchten so dringend die Aussagen dieser Mädchen, um gegen die Hintermänner ermitteln zu können.« Lager spricht hier einen rechtlichen Missstand an. Auf das Rotlicht spezialisierte Kriminalbeamte, Schnellrichter des Magistrats und uniformierte Streifenpolizisten ziehen nicht am gleichen Strang. So entsteht die paradoxe Situation, dass Frauen als »Illegale« verwaltungsrechtlich hart bestraft und auch eingesperrt werden, gleichzeitig aber für die Justiz als Zeuginnen in großen Prozessen gegen das organisierte Verbrechen dienen sollen. »Wir können die Mädels nicht einsperren und dann erwarten, dass sie sich uns anvertrauen«, sagt Inspektor Lager. Deshalb schloss das Innenministerium Kooperationen mit NGOs – in Wien ist das vor allen der Frauen-Hilfsverein Lefö –, die Ersatzwohnungen, psychische und psychologische Betreuung und vor allem Ruhe und Legalität organisieren. »Wir haben hier einiges dazugelernt«, bekennt Lager.

Von der Stadt Wien kann man das nicht behaupten. Ein Besuch im STD-Ambulatorium der MA15, der Spezialeinrichtung für sexuell übertragbare Krankheiten, zeigt es. Rund 2500 registrierte Prostituierte müssen einmal in der Woche hierher zum Thomas-Klestil-Platz in Erdberg, am Rande der Autobahndrehkreuze, zur vorgeschriebenen Untersuchung. Nur dann erhalten sie die grüne Kontrollkarte, den so genannten Deckel.

Hier sollte die Stadt psychologische Beratung anbieten, hier könnten Schutzräume eingerichtet, Frauenärzte beschäftigt werden, hier könnten Sozialarbeiter den Opfern helfen. Entsprechende Wünsche haben Frauen im Rahmen einer Erhebung bereits im Jahr 1999 geäußert. Doch die Ressourcen und baulichen Gegebenheiten der Ambulanz sind erbärmlich. Hunderte Prostituierte müssen hier jeden Morgen stundenlang in aller Früh am Schalter warten und sich von Passanten angaffen lassen. Sie schlürfen Kaffee, wirken völlig übermüdet, sie erzählen von Schikanen und Schulden, von kalten Nächten und Drogen. Die demütigende Warterei kann man den Ärztinnen und Sozialarbeiterinnen nicht vorwerfen. Sie sind einfach zu wenige: Auf zirka 2500 Frauen, die wöchentlich zu erscheinen haben, kommen nur sieben Ärztinnen, die völlig überfordert wirken.

Noch etwas fällt hier auf: Viele Frauen werden hier nicht nur von der Stadt inspiziert, sondern auch von den Zuhältern, die vor dem Ambulatorium in Limousinen warten, als hätten sie hier nichts zu befürchten. Wer die Schnirchgasse entlangspaziert, der könnte das Gefühl bekommen, die Zuhälterei sei straflos in Wien. All das schreit nach Reform. Das weiß auch die Sozialwissenschafterin Elisabeth Jarolim, eine Pionierin der Straßensozialarbeit, die nur unter Aufsicht ihrer Pressesprecherin reden darf. Immer wieder und wieder muss sie hinnehmen, dass ihre Aufpasserin das Gespräch unterbricht oder Fragen als »politisch« ablehnt. Dabei hätte Frau Jarolim der Öffentlichkeit einiges zu sagen – nicht nur was das entwürdigende Gedränge in der Kontrollstelle anbelangt. Seit sechzehn Jahren hilft sie den Frauen am Strich. Sie kannte die beiden ermordeten Frauen, und es waren nicht ihre ersten Klientinnen, die grausam ermordet wurden. »Eine von mir betreute Frau«, erinnert sich Jarolim, »lag zerstückelt in der Mülltonne. Sie wollte nur noch die Kinderzimmereinrichtung für ihren Sohn verdienen.«

Natürlich sind diese Bluttaten Einzelfälle. Aber sie haben Jarolim gelehrt, genau hinzuhören, wenn Mädchen besonders schüchtern wirken, genau zu beobachten, wenn Türsteher aggressiv reagieren. »Immer wieder befreien wir Zwangsprostituierte«, sagt Jarolim. Vor einiger Zeit wurden 26 Ungarinnen gerettet. Sie hatten fünfzig meldepflichtige Krankheiten. Jarolim erzählt, dass neben der Gewalt vor allem die Gesundheit die größte Herausforderung sei. Längst ausgestorben geglaubte Krankheiten, etwa die als Lustseuche bekannte Syphilis, seien wieder in die Stadt zurückgekehrt. Sie sei leicht zu behandeln, schwer zu erkennen, für Neugeborene aber meist mit schweren Schäden verbunden.

Die Fotos des Kriminalbeamten Lager, die Berichte von Sozialarbeiterin Jarolim, die Überforderung der städtischen Einrichtungen, die Nöte der Roma-Mädchen, die verbrannten Frauen: All das müsste doch dazu führen, dass die Prostituierten unter dem besonderen Schutz der Politik stehen, dass die Bürokratie aufhört, sie wie Kriminelle abzustrafen, nur weil sie an der falschen Straßenecke stehen.

Eva van Rahden hofft das zumindest. Die Leiterin der Prostituierten-Beratungsstelle Sophie, einer Einrichtung der Volkshilfe, wird sich künftig im Auftrag der Stadt auch um die Sorgen von Anrainern kümmern und zwischen Behörden und Frauen »Vertrauen aufbauen«, wie es offiziell heißt. Leicht wird das nicht, denn die Verlagerung des Straßenstrichs in dunklere Gefilde geht wohl mit einer Säuberung der heutigen Standplätze einher, so die Befürchtung. Bis zu dreihundert Euro, so van Rahden, kassieren Polizeistreifen dieser Tage von Prostituierten, die sich auf der Mariahilfer Straße herumtreiben: »Eine Mandantin hat insgesamt 30 000 Euro zu bezahlen.« Der Staat kassiert wie ein Zuhälter. Auch van Rahden kannte die ermordete Katerina Vavrova. Sie kam hierher in das Büro in der Oelweingasse in Rudolfsheim. Sozialarbeiter halfen mit Steuererklärungen oder beim Verfassen von Berufungen. Van Rahden sagt, einer der Gründe für das Elend auf der Straße sei wohl auch von den Richtern des Obersten Gerichtshofs zu verantworten. Noch immer fänden die Hofräte in ihren Urteilen keine richtigen Worte für das Sexbusiness. Der zu versteuernde Gewinn der Prostituierten gelte als »Schandlohn«, ihre Verträge mit Freiern als »sittenwidrig«. Die Frauen können ihre Honorare nicht einklagen, Bordellbetreiber dürfen sie nicht als Prostituierte anstellen. Der Zuhälterei und der Ausbeutung sei Tür und Tor geöffnet. Damit man die Lage besser versteht, führt van Rahden nun in ein Stundenhotel, das hier nicht genannt sein soll, »weil sonst kommen die bulgarischen Strizzis«. Es ist eines dieser Etablissements, bei denen man an der Türe läuten muss, ehe sich diese mit leisem Klicken öffnet. Die Zimmer riechen nach kaltem Rauch und süßem Parfum. Hier kommen die Huren von der Straße mit ihren Freiern zur Sache. Hier ziehen sie sich um. Hier können sie duschen.

»Das Geschäft ist miserabel, ich vertreibe mir die Zeit mit Rätselheften«, sagt die vom Nachtleben geeichte Hotelbetreiberin, die man als Puffmutter bezeichnen könnte, wenn ihr Hotel und die angeschlossene Rotlichtbar endlich als Puff legalisiert wäre. Aber so muss man die Dame mit der rauen Stimme wohl als Barfrau ansprechen. Wäre sie eine Hausmeisterin, der Bürgermeister würde für ihren Job kämpfen. Denn sie sorgt hier für Sicherheit.

Früher, klagt die Barfrau, habe hier das pralle Leben geherrscht. Die Mädchen hätten bis zu 300 000 Schilling verdient, es sei getanzt und zunächst »geredet« worden. Erst dann seien die Frauen aufs Zimmer gegangen. Und heute? »Den Analphabetinnen muss ich meinen Regenschirm leihen, ihre Zuhälter kaufen ihnen nur dünne Jackerln. Die Bulgarinnen zeigen mit den Fingern einen Spottpreis, und die Freier handeln ihn auch noch herunter.« Um zwanzig Euro wollen Türken hier die schnelle Nummer, »früher hätte man dafür einen Piccolo-Sekt bekommen«. Die Freier seien gierig und geizig zugleich.

Die vergleichsweise sicheren Bars sind nun auch von der Wiener Stadtpolitik bedroht. Denn so wie im Stuwerviertel, wo Katerina Vavrova arbeitete, wird auch hier, wo Petya Filkova arbeitete, bald aufgeräumt. Der Straßenstrich ist auch hier ein Politikum. Die Frauen sollen sich in Gegenden verziehen, wo es keine hellhörigen Bardamen und keine beleuchteten Auslagen gibt. Die Freier werden mit den Mädchen nicht mehr in die weit entfernten Hotels fahren, sondern sie ins Auto bitten. Oder im Weinviertel verbrennen.

Die feine Gewalt –
Wie Mädchenhandel funktioniert

Der prominente US-Anwalt zum Beispiel. Beklagte tagsüber vor Journalisten und Politikern das Unrecht dieser Welt. Abends ließ er sich und seinem prominenten Mandanten ein paar Mädchen ins Intercontinental liefern. An die Zimmertür klopfte Inga. Schülerin aus Litauen, siebzehn Jahre alt.

Oder der Mann von McKinsey. Er rief an, weil er eine »süße kleine Stute« suchte. Um »einfach Spaß zu haben und einfach mal hinzuklatschen«, wie er es nennt.

Ein Uniprofessor aus den USA meldete sich, weil er eine »Jungfrau« in Anwesenheit ihrer Schwester »richtig durchficken« wollte. Fünfzehn Jahre sollte sie alt sein. 4000 Euro würde er dafür bezahlen.

Ein Mitarbeiter der saudiarabischen Botschaft in Wien begehrte eine neunzehnjährige Jungfrau. »Die hab ich zum Versteigern unten«, bedauerte der Mann am anderen Ende der Leitung. Unten, in den Emiraten.

Ein Geschäftsmann aus Paris erkundigt sich nach der kleinen Laura und erfährt: »Die hat einen Makel, das sage ich gleich dazu, sie hat noch bis September eine Zahnspange.«

Abends ein Anruf aus der Parlamentsdirektion: »Wie ist denn die Julia so vom Charakter? Macht sie auch Vollendung in den Mund?«

Ein PR-Berater aus der Innenstadt stellt sich am Telefon als »brutale Sau« vor und will einem siebzehnjährigen »Ferkilein« einmal alle »Löcher stopfen«. »Die freut sich, sie muss nämlich eine Meniskusoperation machen und braucht 500 Euro«, sagt der Frauenhändler. »Oh je! Da muss sie aber viel pudern«, antwortet der Werbemann und sagt: »Ich hab schon einen Steifen.«

Ein prominenter Wiener Anwalt drängt: »Ich brauche drei Mädels. Zum Schmusen und Arschficken.« Ein Mitarbeiter der »Begleitagentur« freut sich später am Telefon übers gute Geschäft: »Ich bin ausgebucht heute. Die Anwälte ficken! Die Anwälte und die Staatsanwälte!« Sein Gesprächspartner sagt: »Die hast du alle auf deiner Seite.«

Diese Gespräche wurden im Rahmen eines Lauschangriffes auf eine noble Wiener Begleitagentur geführt. Die Polizei zeichnete die Telefonate auf. Die Protokolle sind von öffentlichem Interesse – nicht deshalb, weil vornehme Männer Prostituierte in Anspruch nehmen. Sondern weil sie Einblick in die Abgründe eines Wiener Frauenhändlerringes geben. Sie zeigen die Nöte osteuropäischer Frauen, aber auch minderjähriger Schülerinnen, die auf der Webpage dieses Callgirlrings im Bezirk Mariahilf als »genuine Fashion Models«, als »Penthouse Pets« oder »Beauty Queens« angeboten werden. Wiens »High Class Gentlemen« konnten Minderjährige um ein paar hundert Euro buchen, von einem Chauffeur zustellen und nach einer Nacht wieder abholen lassen. Sie wussten offenbar auch von den Zwangslagen der Frauen. Der Lauschangriff auf die gehobene Wiener Rotlichtszene gibt der Justiz Einblicke, wie Frauenhandel heute funktioniert. Betuchte Kunden bestellen übers Internet, nach genau bestimmten Tarifen und »Aktionspreisen«. Sie dürfen Mädchen in bestimmter Kleidung und Unterwäsche ordern, sie legen am Telefon Wert darauf, dass sie nicht wie »billige Prostituierte erscheinen« und dass sie »zu intelligenter Konversation fähig« sind. Es werden Mädchen zugestellt, »die wirklich küssen«, und solche, die »das nicht so schmuddelig angehen wie Billigrussinnen«. Der Markt habe sich verändert, sagt ein Wiener Frauenhändler, »nichts ist unmöglich. Das Internet beflügelt die Phantasie unserer Klienten, und wir erfüllen jeden Wunsch.«

Klienten, so nennt man das heute also. Sie ordern telefonisch »Pferdchen«, »Frischfleisch« oder einfach nur eine »Lieferung«. Es sind prominente Geschäftsleute darunter, die zwischen Vorstandssitzungen anrufen und schon bei der Bestellung fragen, ob sie die Fünfzehnjährige oder den »Julia-Roberts-Typ« ohne Aufpreis »ins Gesicht spritzen« oder »ohne Kondom in den Arsch ficken« dürfen. Damit die Bestellung schneller geht, werden die Mädchen mit Kürzeln angepriesen: »CIF« für »Come in Face« und »CIM« für »Come in Mouth«. Geliefert wird gegen Aufpreis in jede Stadt und auf jede Yacht der Welt, mit Vorliebe nach Saudi-Arabien und die Emirate. Es gibt dort, so liest man es jedenfalls in den Protokollen, richtige Versteigerungen von Frauen.

Die Männer, die Frauen auf diese Weise bestellen, haben vor dem Gesetz nichts zu befürchten. Sie gehen straflos durch, selbst wenn sie um die Nöte der Frauen wissen. »Ich weiß ja nicht, was sich hinter den Kulissen abspielt«, gibt sich ein in den Telefonaten aufgezeichneter Freier, ein ehemaliger CA-Bankmanager, ahnungslos. Er sagt: »Ich muss es doch auch nicht wissen, oder?«

Muss er? Das angeblich älteste Gewerbe hat sich dank billiger Flugtickets in den Osten globalisiert und brutalisiert, und es tritt offiziell ganz vornehm und seriös auf. Zuhälter wie der von der Polizei wochenlang abgehörte Frauenhändler Franz H., im bürgerlichen Leben ein biederer Versicherungsmakler, warten nicht mehr in schäbigen Gürtellokalen auf ihren Lohn. Franz H. betrieb, nur mit einem Handy, einem Computer und ein paar Zuarbeitern ausgestattet, ein international agierendes Franchise-Unternehmen. 90000 Euro Gewinn, so schätzt die Staatsanwaltschaft, machte er pro Monat. In Litauen ließ er nach den schönsten Schülerinnen suchen, die mit Billigflugtickets aus ihren heruntergekommenen Dörfern ins vermeintliche Paradies geflogen wurden, um dort sofort von Chauffeuren abgeholt, mit Reizwäsche eingekleidet und für Dutzende Kunden bereitgestellt zu werden.

Was also spielt sich hinter den Kulissen ab, was wollen die Klienten solcher Menschenhändler nicht wissen? Da bittet eine Schülerin vergeblich, nach Hause fliegen zu dürfen, um ihre Maturazeugnisse für die Inskription abzuholen und die Mutter zu besuchen. Einmal bedroht Frauenhändler H. seinen Komplizen in Litauen, damit der widerspenstige Ware gefügig macht, die er nach Wien schickte. Die Mädchen glaubten, für Altenpflege nach Wien gebracht worden zu sein. H. zu seinem litauischen Geschäftspartner: »Du musst mit ihnen Klartext sprechen! Sie sind nicht hier, um Spaß zu haben!« Sollten Mädchen nicht »gehorsam« sein, so erklärt er einer anderen Lieferantin, müsse man sie »schnell stoppen« und »belehren«. In einem E-Mail bittet er seine Geschäftspartnerin: »Schätzchen, es ist Zeit, dass du ihr zeigst, dass sie nichts ist, dass sie eine Hure ist. Bitte zeig ihr deine Macht.«

Manche Frauen werden später vor Gericht aussagen, man habe ihnen Videos gezeigt, auf denen Mädchen mit gebrochenen Beinen und geschorenen Köpfen zu sehen waren. Immer wieder klagt der Mädchenhändler über geschäftsstörende Krankheiten, die seine »Babys« eingefangen hatten. »Was machen diese Mädchen, stecken sie Bananen hinein oder sind die Kunden so schmutzig?«, fragt er einmal wütend.

Aufklärung gibt ein Dialog, den er selbst mit »Olga«, Katalogbestellnummer 23, führte: »Du bleibst eine Stunde. Und zwar ohne Kondom.« »Ich fürchte mich, es geht um meine Gesundheit.« »Er ist jung und nett.« »Ist er sicher nicht krank?« »Sicher nicht. Er liebt es auch griechisch.« »Was heißt griechisch?« »Anal.« »Das hasse ich, ich habe es nie probiert. Das bedeutet Blut.« »Du sollst eines wissen: Wenn du nach Wien kommst, dann gibt es keine Diskussionen. Ich werde jetzt böse. Okay?« »Okay.«

Franz H. wurde auch aufgrund dieser Telefonate gemeinsam mit drei Komplizen verhaftet und wegen internationalem Frauenhandels, Zuhälterei, sexueller Ausbeutung von Minderjährigen und Nötigung zu einer kurzen Haftstrafe verurteilt. Sein Komplize Thomas S. – zugleich Bodyguard des prominenten US-Anwalts – wurde auch wegen des Besitzes von Kinderpornos bestraft. Die Zeitungen berichteten nur in einer Randnotiz über den Fall – trotz der prominenten Kunden. Die Webpage der »Modellagentur« ist auch wieder online und gibt sich nun als seriöses Unternehmen für exklusive Kunden: »Wir freuen uns auf Ihren Anruf«, heißt es da. Wer Telefonüberwachung befürchtet, kann auch ein Onlinebestellformular ausfüllen. Neben der Nummer des Mädchens muss bloß die Nummer des Hotelzimmers und die Kreditkarte angeben werden.

Franz H. ist einer von knapp 400 jährlich angezeigten Frauenhändlern. Das Business boomt. Seit 2002 hat sich die Zahl der Anzeigen wegen Menschenhandels verfünffacht. Doch für Verurteilungen reicht es oft nicht. Die Kriminalisten müssen den schwierigen Beweis erbringen, dass Frauen im Ausland angeworben und »zum Zwecke der Prostitution« nach Österreich verschleppt wurden. Das Problem: Die wenigsten Frauen sind bereit, als Zeuginnen auszusagen. Nicht zuletzt, weil sie dann – wie im konkreten Fall – mit vollem Namen und Adresse in den Gerichtsakten aufscheinen, die von den angeklagten Zuhältern kopiert werden können. »Bitte informieren Sie nicht meine Eltern«, bittet eine Zeugin die Richterin. Neben ihr saß der Anwalt des Zuhälters. Dazu kommt, dass sich die Frauen selbst nach dem Verwaltungsrecht strafbar machen, wegen illegaler Prostitution. Selbst Minderjährige können – im Gegensatz zu den Staranwälten, die sie buchen – bestraft und bei »Nichteinbringung« der Geldstrafe eingesperrt werden.

Braucht das Land andere Gesetze? Sollen Freier durch harte Strafen abgeschreckt werden, wenn sie von der Not der Frauen hätten wissen müssen? In Deutschland wurden nach dem Auffliegen eines brutalen ukrainischen Callgirlrings, der auch den Politiker und Moderator Michel Friedman belieferte, über eine Verschärfung der Gesetze diskutiert. Die Medien fragten, warum Männer wie Friedman wegen einer Nase Koks bestraft werden, nicht jedoch für die sexuelle Ausbeutung von gedemütigten Mädchen. Doch eine Front von Experten winkt ab, wenn es um Kriminalisierung geht. Harte Strafen würden Frauen noch mehr in die Illegalität drängen, versichern sie und verwiesen auf entsprechende Erfahrungen in Schweden.

Die heimische Politik versucht es mit Kontrolle durch Legalisierung. Österreichs Botschaften in Osteuropa stellen Mädchen »Prostituiertenvisa« aus, sie drücken dubiosen »Modellagenturen« so genannte »Showtänzerinnen-Visa« in die Hand. Das Gewerbe könne so besser überwacht werden, sagt ein Experte im Innenministerium. Tatsächlich werden auch die scheinbar legalisierten Frauen völlig in die Abhängigkeit getrieben. Sie leben zwar legal im Land, dürfen jedoch nur als Prostituierte für ganz bestimmte Zuhälter arbeiten. Ein Jobwechsel ist ihnen verboten. »Der Staat«, freut sich der Chef einer Begleitagentur, »wird zu unserem Gehilfen.«

Ein Fall aus Linz gibt dem Zuhälter Recht. Kriminalisten deckten die Methoden der Begleitagentur »The Belarus Girl« auf. Viele der zur Prostitution gezwungenen Mädchen verfügten über Prostituiertenvisa. Ein verdeckt ermittelnder Kriminalist gibt ein seltenes Interview. Sein Name darf nicht genannt werden. Er ermittelt, um die Hinterbühne des »Belarus Escort-Service« auszuleuchten. Vor ihm liegt nun ein Akt, in dem ein Netzwerk von »Gouvernanten«, »Anwerbern« und »Zuführern« freigelegt wird. Beliefert wurden – so wie in Wien – nur die vornehmsten Herren und das von Geschäftsleuten nach Feierabend gern frequentierte Nobelbordell »Club de Paris«. Die Mädchen wurden in der Freizeit kaserniert. Wagten sie es, alleine auszugehen, so hatten sie Hunderte Euro Strafe zu bezahlen, die Pässe wurden abgenommen.

Im Gegensatz zu früheren Zeiten, erzählt der Ermittler, regiere nicht die rohe, sondern »feine Gewalt«. Seriös auftretende Anwerber würden per Inserat in Weißrussland nach den schönsten Mädchen suchen, ihnen Modelverträge versprechen, Geld vorstrecken und alle Papiere organisieren. Die Mädchen würden unter »Traumvorstellungen« nach Österreich reisen und schließlich »enger betreut«. Statt auf den Laufsteg stellt man sie hinter die Bar – oder vermittelt sie als Begleitung an betuchte Kunden. »Dann erkennen sie die Lage und bringen nicht mehr den Mut auf, sich zu wehren.« Nach einigen Wochen seien die Frauen »zugerichtet«. Sie müssten mitunter bis zu zehn Freier bedienen. Verweigern sie sich, »dann werden die Eltern in der Heimat verständigt und die soziale Vernichtung vollstreckt«. Sie können nur noch flüchten oder darauf hoffen, von Freiern »freigekauft« zu werden. 6000 Euro hatte ein Österreicher einmal hingeblättert, um ein Mädchen freizukriegen. Das, sagt der Fahnder resigniert, »kann es doch nicht sein, oder?«

Diesseits von Afrika – *Bei den neuen Bettgehern*

Diesmal wurde Mike aufs Kreuz gelegt. Er hätte es sich denken können. 81 000 Euro hatte der Besitzer des Nachtklubs vor ihm auf den Tisch geblättert. »Besorg mir Braunes und Weißes«, flüsterte er.

Mike ist erst seit wenigen Wochen in Österreich und hatte noch keine Berührung mit der Polizei. Als Doktor der Ernährungswissenschaften stellt er sich vor, vor ein paar Wochen sei er per Schiff aus Ghana nach Europa gekommen. Er kannte nur ein paar »Brüder« aus Afrika. Es waren die falschen Freunde. Sie nannten sich »Dr. John« und »Paki« und logierten in der Vorstadt. Als Drogenbote nahm er von ihnen eine Kugel Heroin, verbarg sie in der Unterhose und gab sie dem Zuhälter in einem Wirtshaus in Fünfhaus zur Probe. Der nahm die Kugel und verließ das Lokal, um sie »zu testen«. Dann lag Mike plötzlich mit Handschellen am Boden, verhaftet.

Der Zuhälter war Polizist. Verdeckter Fahnder, Bundeskriminalamt. Er hat, wie sich aus den Akten ergibt, Mike zum Drogenhandel angestiftet, »um per Scheinkauf Drogen vom Markt zu holen«, wie die Polizei das nennt. Die Strafprozessordnung verbietet die staatliche Anstiftung eigentlich bei »strengster Ahndung«, doch Staatsanwälte und Richter erlauben Scheinkäufe, weil damit Drogen vom Markt gekauft werden. Man werde den Drogenhandel »mit allen Mitteln bekämpfen«, versprechen die Behörden. Der »Straßendealer« Mike habe schließlich »versucht, eine große Menge

Heroin in Verkehr zu setzen, indem er diese einem verdeckten Ermittler des Innenministeriums zum Ankauf überließ«, schreibt nun die Staatsanwältin.

Menschen wie Mike machen das Volk, aber auch die vielen unschuldigen Afrikaner in Wien wütend. Sie sind mit ein Grund dafür, dass all die aggressiven Worte fallen und der Polizei vom Staat fragwürdige Rechte eingeräumt werden. »3000 potenzielle Drogendealer aus Afrika« soll es in Österreich geben, behaupten die Ermittler. Sie zeichnen Diagramme, sprechen von Kartellen und Mordbrigaden, die Wiens Unterwelt regieren.

Wer sind diese Leute wirklich? Vielleicht bietet ein heruntergekommenes Haus, gleich neben der rot erleuchteten Bar, in der sich der Polizist als Zuhälter verkleidet hatte, die Antwort. Hier, im fünfzehnten Bezirk in der Ullmannstraße, wo Cafés »Hawidere« (Habe die Ehre; Anm.) heißen, befindet sich das Quartier des christlichen Vereins Suara (Der Schrei). Hier ist auch Mike ein und aus gegangen. Eine »Schaltzentrale des Drogenhandels«, nennt die Polizei das Haus. Neulich war sie wieder da, um in voller Montur und maskiert eine ihrer nächtlichen Razzien durchzuführen, bei der die Türen eingetreten und alle Afrikaner in Unterwäsche auf den Gang gestellt werden.

Doch wenn Suara-Obmann Alexander Wuppinger, ein bulliger Mann mit dickem Bart, die notdürftig zusammengenagelten Türen seines 160 Quadratmeter großen Quartiers öffnet, bietet sich ein anderes Bild. Eines, das eher an die Elendsquartiere der einstigen Bettgeher denn an die Refugien eines Drogenkartells erinnert.

In der schmutzigen Küche wäscht einer das Blut von einem großen Berg billigen Fleisches in der Abwasch, weil er es zu Hause so gelernt hat. Es riecht nach kaltem Rauch, dort pinkelt einer bei offener Tür in die Badewanne, weil das Klo für Dutzende Männer gerade nicht funktioniert.

Rund hundert Männer kauern hier jede Nacht auf schmutzigen Matratzen nebeneinander. Sie tragen dicke Daunenjacken, weil die paar Heizkörper die kalte Luft, die aus den undichten Fenstern kommt, nicht so richtig erwärmen kann.

Mehr als sechshundert Afrikaner waren vergangenes Jahr hier untergebracht. Unter ihnen Wissenschaftler, Bauern, Buchdrucker, Wirtschaftsstudenten. Manche von ihnen Jugendliche. Einzelne zeigen Narben, die von Folterungen herrühren sollen, manche sind schwer krank und ohne Recht auf einen Arzt. »Schau dir das an! Es ist sehr dreckig hier. Wenn wir Drogenbosse wären, würden wir doch hier nicht wohnen. Manche hier dealen, weil sie sonst nicht leben können. Auch wir verachten sie dafür, weil sie unseren Ruf ruinieren«, sagt einer.

»Man kann das hier ein Massenquartier nennen«, sagt Alexander Wuppinger. Aber sein Haus sei eben der einzige Ort, der Afrikaner nicht abweise, und die Afrikaner seien diese Umstände ohnedies gewohnt. Angeblich würde sogar die Polizei manchmal jene hierher schicken, die der Staat auf die Straße setzt. »Ich nehme alle auf«, sagt Wuppinger, »selbst Haftentlassene und verurteilte Dealer.« Selbst wenn er sie in die Küche oder auf den Gang legen muss. Selbst wenn ihm die Polizei noch so viele Verfahren wegen Beihilfe zum Drogenhandel anhängt und nach monatelangen Untersuchungen wieder einstellt. Nicht nur sein strenger Glaube gebiete es ihm. Es sei der erste Schritt, den Drogenhandel zu bekämpfen, wenn man die Burschen von der Straße holte, glaubt Wuppinger.

Die Behörden sehen seine Arbeit weniger positiv. Auch er mache sein Geschäft. Nur die erste Woche dürfen Afrikaner kostenlos hier wohnen. Dann berechnet er für die Matratze 150, für ein Doppelzimmer 450 Euro im Monat. Strom, Küche und ein kaputtes Klo inklusive. »Das sind fünf Euro am Tag«, sagt Wuppinger. 20 000 Euro Umsatz im Monat macht Wuppinger mit dem heruntergekommenen Haus. Die eine Hälfte gehe angeblich in die Reparatur des Hauses, die andere in ein Rückkehrprojekt in Ghana, wo soeben eine Farm errichtet werde. Nur fünfhundert Euro würde er sich selbst von dem Geld gönnen. Wuppingers Beweise: Fotos von frisch erbauten Schweineställen in Ghana.

Wie immer man zu Wuppinger und seinem Engagement steht: Die Afrikaner sind in Wien in einer Lage, die sie zu Männern wie Wuppinger treibt. Die Politik wendet sich angewidert von jenen ab, die auch nur in Verdacht stehen, mit Drogen Geschäfte zu machen. Nur jugendliche Asylwerber werden staatlich betreut. Der Rest hat keinerlei Rechte hier. Auf den Straßen fühlen sich viele als Freiwild. »Ich habe noch nie gedealt, aber in der U-Bahn packt die Polizei meinen Hals und schaut mir in den Mund, ob ich Drogen drinnen habe«, sagt etwa Joseph, ein Mann mit Zahnlücke und schief ins Gesicht gezogener Schirmkappe, und würgt sich zum Beweis kurz selbst. »Appelliere an die Regierung, dass sie sich das Lager einmal ansieht«, bittet der nächste.

Die Männer, die hier wohnen, haben Unsummen investiert, um Ländern zu entkommen, in denen man fünfzehn Euro im Monat verdient. Sie erzählen, wie sie mit rostigen Kuttern übers Meer verfrachtet wurden, wie sie tagelang in den Nischen von Güterzügen gekauert sind. Doch Europa will sie nicht. Keine Quoten, kein Asyl gibt es für sie. Deshalb sind sie, rechtlos und mittellos, den Verlockungen jener »Pakis« und »Dr. Johns« ausgeliefert, die ihnen an einem Tag einen nigerianischen Jahreslohn versprechen.

Die Polizei lässt ihnen deshalb keine Ruhe. Selbst wenn sie nichts angestellt haben. Hier in den Matratzenlagern lebt zum Beispiel auch einer, der für die Löschung seines Aufenthaltsverbots Spitzeldienste leistet und am Gang heimlich seine Sammlung von Polizeivisitenkarten zeigt. »Ich mache mir nichts vor. Achtzig Prozent der Burschen in diesem Haus dealen«, glaubt Wuppinger, »man muss in ihrer Heimat dafür sorgen, dass sie zurückkehren.«

Marcus war neunzehn, als er sich dazu entschloss, die Heimat zu verlassen. Er ließ sich in einen Container mit Baumwolle packen und nach Hamburg verschiffen. 1500 Dollar hatte er dafür bezahlt. Weil ihm Nachbarn in Nigeria versicherten, dass er hier »Big Money« machen könne. Als Fußballer oder Angestellter bei einer Bank, wie er hoffte. Für seine Reise legten Verwandte zusammen, was sie hatten. Nun warten sie auf die versprochenen Schecks aus Europa. Doch die kommen nicht.

Marcus sitzt stattdessen auf einer speckigen Couch, wippt nervös mit den Füßen und sagt: »Das ist ein einziger Scheiß hier.« Er ist daran natürlich selbst schuld. Zu Mittag geht er raus, treibt sich in U-Bahnen herum und wartet, bis einer der Junkies »small, small« ordert. Dann wird er sich ein paar Drogenkugeln in den Mund stecken und hoffen, dass sie nicht aufplatzen, »weil man die Qualität der Verpackung nicht kennt«. Er wird vielleicht bald von einem Polizisten angerufen werden. Und dann wird es vorbei sein. Acht Kugeln mit Koks und Heroin kann Marcus pro Tag verkaufen. Auf 400 Euro kommt er im Monat, sagt er. Die Hälfte davon gehe angeblich nach Nigeria, um die Reisekosten abzudecken. »Meine Mutter glaubt, dass ich einen richtigen Job habe. In Nigeria würde man mich Jahre ins Gefängnis werfen.«

Oder Mary, neunzehn. Sitzt da, versteht kein Wort und

bläst ihre Angst in eine Kaugummiblase. Sie ist eine der wenigen Frauen hier. Ihre Reise ins Paradies endete in St. Pöltens Polizeigefangenenhaus. Wuppinger hat sie herausgeholt. »Du schläfst jetzt einmal da, wir werden schon was finden«, sagte er. Die ungebildeten Frauen vom Land hätten es am schlimmsten, weil sie eigentlich gar nicht nach Europa wollten. »Man verhext sie, sagt, dass ihr Blut ausrinnen werde, wenn sie kein Geld verdienen«, sagt er. Hier müssten sie sich deshalb einem »Brother« unterwerfen, der sie nicht nur beschützt, sondern oft auch auf den Strich schickt.

Unlängst hat in der Ullmannstraße wieder einmal einer durchgedreht. Er hat sein Messer gezückt und andere bedroht. Wuppinger sagt: »Sie sehen, dass die Menschen hier schön angezogen sind, einen Wagen fahren und zum Arzt gehen.« Und langsam, sagt Wuppinger, merken sie, dass sie all das nie erreichen werden: »Dann werden sie verrückt.«

Entführt –
Noah, Chara und die Kinder von Wien

Nachdem sie all die Klagen, Briefe, DNA-Gutachten und Artikel wieder in die vielen Ordner gepackt hat, führt Martina Bauer mit leisen Schritten in den ersten Stock ihres Hauses. »Jetzt«, flüstert sie und knipst kurz das Licht an, »zeige ich Ihnen noch meinen Schatz.« Friedlich schlummert der sechsjährige Noah in seinem Bettchen. Frau Bauer sagt: »Vielleicht wurde auch er in Afrika gestohlen, so wie seine Schwester.«

Frau Bauer heißt nicht Bauer. Auch der kleine Noah trägt einen anderen Namen. Die wahre Identität dieser Familie muss zum Schutz der Kinder geheim bleiben. Nur wenige Nachbarn wissen um das Drama, das die Bauers seit drei Jahren zermürbt.

»Ist er nicht wunderbar?« fragt Frau Bauer und dreht das Licht wieder ab. Wie wäre sein Leben verlaufen, wäre er nicht hierher zu dieser Familie gebracht worden? Wie gut es Noah hier doch geht. Bilder aus dem Familienalbum: Noah und der Nikolo. Noah im Garten. Noah als Maus verkleidet beim Kinderfasching. Ein schwarzes, ein österreichisches Kind. Frau Bauer ist seine Mutter, zumindest auf dem Papier. Sie hat ihn adoptiert. So soll es auch bleiben – auch zu Noahs Wohl.

Martina Bauer weiß, dass vieles nicht stimmt im offiziellen Lebenslauf dieses Kindes, das sie vor vier Jahren als Zweijährigen adoptiert hat. Aus dem Familienalbum lächelt auch ein kleines Mädchen. Es lebt nicht mehr bei den Bauers. Es sitzt seit über einem Jahr »schwer traumatisiert«, wie es in einem Gerichtsgutachten heißt, in einem Jugendheim in Niederösterreich.

In einem Therapiezimmer steht eine Topfpflanze, die Psychologen auf den Namen der afrikanischen Mutter des Kindes getauft haben. Das Kind streichelt »Kenet«. Die Jugendämter wissen nicht, was nun mit dem Mädchen geschehen soll. Zurück nach Afrika? Das wäre sein größter Wunsch. Hier lassen, weil es hier besser lebt?

Die Bauers und die Behörden sind überfordert mit dem Fall. Mittlerweile ist das Mädchen dreizehn Jahre alt und besucht trotzdem erst die zweite Klasse Volksschule. Das verlorene Mädchen hörte auf den Namen Chara und wurde von den Bauers als Noahs Halbschwester adoptiert. Erst sprach sie nur Amharisch und stotterte seltsame Worte. »Kenet! Kenet!«, »Mati! Mati!« Frau Bauer verstand nicht, was das Mädchen damit sagen wollte. Doch als es endlich ein paar Brocken Deutsch konnte, sagte Chara: »Ich Mati. Mama Kenet. Noah nicht mein Bruder.« »Mati« – das war der Spitzname des Mädchens. Frau Bauer verspürte diese Worte wie einen Schlag in die Magengrube. Sie ahnte, was heute Gewissheit ist: Ihr Kind war gestohlen worden.

Der Fall der kleinen Chara ist die verstörende Geschichte einer Adoption, die sich Stück für Stück als Kindesverschleppung entpuppt. Der Fall untergräbt das Vertrauen in den korrekten Ablauf von Auslandsadoptionen. Ermittlungen in Wien und Äthiopien gestalten sich schwierig, die rechtliche Lage ist kompliziert. Doch schon jetzt gibt der Fall Einblicke, wie fahrlässig nicht nur Behörden, sondern auch ein Wiener Adoptionsverein namens Family for You noch agierte, selbst nachdem schwerste Verfehlungen korrupter Mitarbeiter in Äthiopien enthüllt worden waren.

Für den Verein ist der Fall Chara ein »bedauerlicher Einzelfall«, wie Petra Fembek, Obfrau des Vereins, sagt. Sie ist eine energische Frau von 36 Jahren, die zwar gerne »ganz generell« über Auslandsadoptionen sprechen will, zum Fall der kleinen Chara aber nur schriftlich antwortet. Sie residiert in einem Vereinslokal am Dr.-Karl-Lueger-Ring, Blick über die Dächer der Innenstadt. Die Miete wird von einem Reisebüro gesponsert. Der Verein wird von der MA 11 kontrolliert. An den Wänden Bilder adoptierter Babys.

Es geht dieser Tage nicht nur um Fembeks Ruf, sondern auch um ihre Existenz. Sie wehrt sich mit unkonventionellen Mitteln. Ende 2006, als in Österreich erstmals über den Fall berichtet wurde, stellte sie einen offenen Brief auf die Homepage ihres Vereins. Die Bauers, so schrieb sie, seien »herzlos«, sie hätten ihr Adoptivkind »verstoßen«, um sich »aus finanziellen Verpflichtungen zu winden«.

Zurück nach Niederösterreich. Wir schreiben das Jahr 2003. Ein stolzes Einfamilienhaus, davor ein silberfarbener Mercedes, ein Kätzchen im Garten: Hier lebt die Familie Bauer. Achtzehn Jahre lebte das Paar damals schon zusammen. Sie fragten einander: »War das alles?« Es waren Kinder, die zu ihrem Glück fehlten. Sie war schon 43, arbeitete als Pädagogin. Er war 62, leitender Angestellter. Doch es klappte nicht mehr. Sie dachte an künstliche Befruchtung. Frau Bauer sagte: »Lass uns kein Risiko eingehen, sondern ein Waisenkind adoptieren. Am besten wir nehmen Geschwister.« Sie wollten keine Babys, die aus Not weggelegt worden waren. »Äthiopien, das war so ein Bauchgefühl«, sagt Frau Bauer heute. Sie meinte es gut – auch für sich selbst.

Die Bauers kontaktierten Family for You. Auf der Website sieht man reizende Babys, es ist dort von den Rechten »elternloser Kinder« die Rede. Vereinsobfrau Petra Fembek posiert auf der Homepage mit ihrem Mann Michael. Stolz sitzen die beiden neben ihren zwei indischen Adoptivtöchtern. Die Fembeks genießen einen guten Ruf in der Stadt – vor allem in Wiens Wirtschaftswelt. Er war Chefredakteur eines Wirtschaftsmagazins, sie studierte Politologie. Bei Charitys sammelten Wirtschaftsbosse für Projekte des Vereins. Der damalige SPÖ-Chef Alfred Gusenbauer ließ ein Abendessen mit sich selbst versteigern. *Woman, Wienerin, News* – der Societyjournalismus fühlte mit Family for You.

Im Jahr 2003 besuchten die Bauers den ersten »Vorbesprechungsabend«. In Fembeks Privatwohnung saßen sie mit anderen Paaren, »und wir breiteten im Sesselkreis unser Innerstes aus«, wie Frau Bauer erzählt. Man duzte einander, erzählte von Fehlgeburten, an den Wänden hingen indische Tücher. Bei späteren Vereinstreffen hatten Adoptiveltern ihre Adoptivbabys dabei. Frau Bauer sagt: »Eines war süßer als das andere. Ich war so neidisch.« Herr Bauer sagt heute: »Das Ganze hatte auch etwas Sektoides.«

Family for You erklärte den Bauers die Zahlungsmodalitäten. Knapp 10 000 Euro seien zu bezahlen. Zirka die Hälfte davon würde an den äthiopischen Repräsentanten von Family for You überwiesen, einen Anwalt namens Deribe Nesibu. So ein »Repräsentant«, erklärte man den Bauers, sei in Äthiopien vorgeschrieben, um Auslandsadoptionen durchzuführen.

Deribe Nesibu ist heute die zentrale Figur in diesem Fall. Von Family for You wurde er immer wieder als »unser Vertreter« bezeichnet. In Verträgen verpflichtet sich Fembek, dem Mann genauestens auf die Finger zu schauen, eine Haftung für sein Handeln schloss sie jedoch aus. Auf Fotos, die Family for You auf seiner Webpage veröffentlichte, trägt Nesibu feine Sommeranzüge. »Er war der Gott, der uns die

Kinder bringt«, erinnern sich die Bauers. Einmal hätten sie sogar bei einem Flugticket für eine Reise nach Wien mitbezahlt. »Wir Idioten!« sagt Frau Bauer heute.

Siebzig Adoptionen hat Nesibu laut Petra Fembek für Family for You in Äthiopien durchgeführt. Nesibu wurde von den Adoptionseltern immer pro Fall bezahlt. Mit 2600 Dollar, wie Fembek sagt. Das ist viel Geld in Äthiopien, wo die Menschen im Schnitt hundert Euro pro Jahr verdienen. Er sollte damit pro Fall die Adoptionskosten begleichen, Familien am Ort betreuen, Gehälter bezahlen und die laufenden Kosten eines Waisenhauses bestreiten. Bernd Wacker, ein in den Fall involvierter Adoptionsexperte des deutschen Kinderhilfswerks Terre des Hommes, warnt jedoch, die Bezahlung pro Fall sei ein »aus der Perspektive des Kinderschutzes kaum mehr zu vertretendes Verfahren«, das »weltweit immer wieder dazu geführt hat, geraubte, entführte oder ihren Eltern auf andere Weise entzogene Kinder mit gefälschten Papieren künstlich zu Waisenkindern zu machen«.

Deribe Nesibu hat mittlerweile ein Geständnis abgelegt und die Behörden in Addis Abeba zu Charas richtiger Mutter geführt, ein DNA-Test beweist es. Die Frau, Kanet, eine Wäscherin aus den Slums von Addis Abeba, hatte sich im äthiopischen Außenamt ein Haarbüschel für die Genprobe ausgerissen. Nesibu gestand, Beamte bestochen zu haben, damit diese Dokumente über die Freigabe des Kindes fälschen, um die Taten von Kinderfängern zu decken.

Im Jahr 2004 rückten die mit ihm aus und besuchten die Wäscherin in ihrer winzigen Hütte. Sieben Euro verdient sie im Monat. Vier Kinder sollte sie damit durchbringen, ihr Mann lag im Sterben. Zwei Söhne lebten bereits am Land bei Verwandten. Ihr jüngstes Mädchen, so sagt die Witwe heute, sollte es besser haben.

Die Männer versprachen Kenet, das Kind nach Amerika zu bringen. Es werde dort Geschenke bekommen, einen reichen Mann heiraten. Sie werde zu ihrem Kind telefonisch Kontakt halten und ihm schreiben können. So, sagt die Mutter vor äthiopischen Behörden, hatte man es ihr versprochen. Sie willigte ein, ließ das Kind gehen. Doch sie ahnte nicht, dass ihre Tochter unter falschem Namen nach Niederösterreich kommen und nie wieder bei ihr auftauchen sollte. Sie habe auch, so gibt sie vor den Behörden in Äthiopien an, von Family for You kleinere Unterstützungen erhalten. Der Verein bestreitet vehement, damit etwas zu tun zu haben – es wäre schwerkrimineller Kinderhandel, Strafdrohung bis zu drei Jahre.

Das Mädchen, so erzählen es heute ihre österreichischen Psychologen, hat den Tag seiner Abreise Richtung Europa noch in guter Erinnerung. Sie habe damals eine grüne Schuluniform getragen, Sandalen und ein Ketterl: »Da war der Gott und Maria drauf.« Das Ketterl, so erzählte sie, riss ihr Nesibu vom Hals. »Das brauchst du nicht mehr«, sagte er. Nesibu habe ihr auch verboten, ihren wahren Namen zu nennen. Sie heiße ab jetzt »Chara«.

Kurz darauf klingelte bei Bauers in Niederösterreich das Telefon. Zwei Halbgeschwister stünden zur Abholung bereit, teilte eine Mitarbeiterin von Family for You mit. Noah und Chara. Von ihrer Tante seien die Waisenkinder in einem Heim abgegeben worden. Es gebe noch keine Fotos, aber alle Dokumente. Die Adoption sei vollzogen. »Wir waren fertig vor Freude«, sagt Frau Bauer.

Sie flog nach Addis Abeba. Deribe Nesibu empfing sie am Flughafen. Es nieselte, der Wagen versank im Morast der Millionenstadt. »Ich sah Verkrüppelte mit vereiterten Augen, die ihre Hände ausstreckten«, erinnert sich Frau Bauer.

Am nächsten Morgen führt Nesibu sie zu einem Family-for-You-Kinderheim. Noah und Chara warten schon. Sie seien zwei und vier Jahre alt, heißt es. »Ja«, sagt Frau Bauer, »Chara wirkte älter.« In Wahrheit war das Mädchen neun. Sie hatte keine Milchzähne mehr. »Hätte ich ihr wie einem Pferd in den Mund schauen sollen?«, fragt Frau Bauer. »Ich konnte das Kind doch nicht stehen lassen.«

Frau Bauer wunderte sich, dass alles so klaglos ablief, und darüber, wie schlicht die Papiere waren. Im äthiopischen Adoptionsvertrag waren nur die Vornamen und das Alter der Kinder handschriftlich eingetragen. Sonst gab es keinerlei persönliche Merkmale, ja nicht einmal Fotos. Die österreichische Botschaft stellte den Kindern Visa aus – ohne sie je gesehen zu haben. Ein schwerer Fehler, wie die Diplomaten heute gestehen.

Die Bauers hatten ihre Kinder, es kam Leben ins Haus. Verständigen konnten sie sich mit den beiden anfangs nicht. Die Kleinen lernten Deutsch: »Das ist gut«, »Popo«, »Fenster«, »Tisch«. Langsam begann das Mädchen zu sprechen, es begann zu revoltieren, es quälte seinen Bruder. Jugendpsychologen werden später sagen, es protestierte damit gegen sein Schicksal. Denn Chara gab zu verstehen: »Ich wurde gestohlen.«

Die Bauers wussten nicht weiter. Sie riefen den Verein zu Hilfe – doch der erklärte, dass Adoptionen niemals aufgehoben werden können. So begannen Behördenkriege, es tauchten äthiopische Diplomaten im niederösterreichischen Jugendheim auf. Botschafter schickten einander Depeschen. Schließlich wurde den Bauers die Obsorge über Chara entzogen. Christine Moosbrugger von der österreichischen Botschaft in Addis Abeba sagt: »In diesem Fall gibt es nur Verlierer.« Der Bezirkshauptmann von Neunkirchen, Heinz

Zimper, beteuert: »Ich arbeite an einer Lösung.« Jugendexperten hätten Angst, dass das Kind den nächsten Kulturschock erlebt. Chara fährt Ski, will Judo lernen, sie liebt die »Zauberflöte«. Wird sie all das auch in Äthiopien tun können? In dem Land, wonach sie sich sehnt? Begreift sie, wohin sie will?

Die Entführung Charas wirft ganz grundsätzliche Fragen auf, die Adoptionseltern, Behörden und Diplomaten umtreiben: Hat der Fall System? Gibt es noch mehr Opfer? Es gibt viele Antworten auf diese Fragen.

Dr.-Karl-Lueger-Ring, Dachgeschoß, Vereinszentrale von Family for You. Petra Fembek ist soeben aus dem Urlaub zurückgekehrt. Sie will – anders als bei den Jubelberichten über ihren Verein – nicht fotografiert werden. Sie wirkt ruhig, kocht Kräutertee. Sie nimmt sich eine Stunde Zeit, hat auf mehreren Seiten ihre Sicht des Dramas aufgeschrieben. Es sind widersprüchliche Dokumente, die sie da überreicht. »Dieser Fall«, schreibt sie in einer Stellungnahme, beruhe doch »im Wesentlichen auf einer Kampagne der früheren Adoptivfamilie.« Dieser Fall, so gibt Fembek in einem anderen Schreiben jedoch zu, sei »passiert«, und es seien wohl Fehler »von vielen Beteiligten« gemacht worden. Man müsse ihr aber auch »Lernprozesse« zugestehen.

Eine Richterin hat Charas Adoption bereits wegen »absichtlicher arglistiger Irreführung« aufgehoben. Die Schuldfrage lässt sie offen. Bernd Wacker, der in dem Fall beigezogene deutsche Adoptionsexperte, spricht von »skandalösem Dilettantismus«, den Family for You, aber auch die »offensichtlich überforderte Wiener Zulassungs- und Aufsichtsbehörde«, die MA 11, zu verantworten hätten. In einem Bericht an das Justizministerium vom Oktober 2007 zeigt er sich fassungslos über die Dokumentation des Falles und über die fehlende Kontrolle des äthiopischen »Repräsentanten« des Vereins. Dass es weitere solche »fahrlässig-kriminellen Vermittlungen« an österreichische Bewerber gegeben hat, sei nicht auszuschließen. Wacker fordert eine Überprüfung zumindest aller äthiopischen Adoptionen des Vereins durch eine unabhängige, fachkundige Kommission.

Auch die Staatsanwaltschaft Wien will den Fall genau prüfen. Nun liegt, zumindest wenn man den Angaben von Charas leiblicher Mutter in Addis Abeba glauben darf, der Vorwurf des Kinderhandels auf dem Tisch. Family for You bestreitet Zahlungen an die Mutter vehement.

Die Geschichte der Bauers gerät auch in Äthiopien zum Politikum. In Addis Abeba, so Botschafter Rudolf Agstner, beschäftige der Fall ein »interministerielles Komitee«. Es habe »Verhaftungen im äthiopischen Umfeld von Family for You« gegeben. Westliche Adoptionsvereine könnten bald aus dem Land geworfen werden.

Der Fall feuert aber auch die Debatte über Sinn und Moral von Auslandsadoptionen an. Sie sind grundsätzlich nichts Verwerfliches, zumal in Äthiopien, wo Hunderttausende Waisenkinder im Elend aufwachsen. Bis zu 5000 Kinder werden pro Jahr von der Hauptstadt Addis Abeba in den Westen gebracht, schätzen Hilfsorganisationen. Tendenz rasant steigend. Michael Zündel, ehemaliger Obmann eines anderen österreichischen Adoptionsvereins, Brücke nach Äthiopien, beklagte erst kürzlich in einem offenen Brief, in Addis Abbeba seien »Kinderhändler unterwegs, die Kinder verschleppen, verkaufen oder die Not armer Familien ausnützen und sie um lächerliche Beträge aus den Familien loskaufen«. Zündel schrieb, er könne Adoptionen in Äthiopien »nicht mehr verantworten«.

Was sagt Petra Fembek zu all dem? Sie behauptet, ihr Verein »vermittle« doch gar keine Adoptionen, sondern »unterstütze« sie nur. So stehe es in den Verträgen. Auf der Homepage jedoch steht »Vermittlung«. 4850 Euro stelle der Verein dafür in Rechnung. Dazu kommen Reise- und Hotelkosten in Äthiopien. In Summe müssten Eltern etwa 10 000 Euro bezahlen. Auch Fembek hat ihren früheren Vertrauensmann Nesibu angezeigt. Im Übrigen, so hält sie fest, habe Family for You mit Nesibus Verhalten »nichts zu tun«. Es seien die äthiopischen Behörden, die ihn kontrollieren sollten. Sie trage keine Verantwortung, habe aber Konsequenzen gezogen. Für Nesibu gelte die Unschuldsvermutung.

Stolze Honorare, dubiose Mittelsleute, schlampige Dokumentation, Kinder, die künstlich zu Waisen gemacht und nach Österreich verschachert werden können – und keine Kontrolle. Wäre dieser Fall zu verhindern gewesen? Family for You erregte schon vor sieben Jahren das Misstrauen von Botschaftern. 2001 schlug etwa die österreichische Botschaft im vietnamesischen Hanoi Alarm. Dubiose »Repräsentanten« des Vereins hätten in Adoptionsverfahren »exorbitant hohe« Aufwandsentschädigungen kassiert, hieß es in einem Bericht an das Außenministerium. Anstatt Kinder über Waisenhäuser ausfindig zu machen, seien sehr bald »Adoptionen auf dem freien Markt« organisiert worden. Undurchsichtige Mittelsleute hätten »Zahlungen unter dem Tisch« geleistet. Er wolle nicht »falsch verstanden werden«, schrieb der Diplomat, »es geht nicht darum, eine vermutlich gut gedachte Initiative schlechtzureden«. Doch bei »nüchterner Gegenüberstellung von schriftlicher Theorie und Praxis« sollten kritische Fragen erlaubt sein. Der Verein handle womöglich »fahrlässig«, zumindest »naiv«.

Kritische Berichte auch aus dem indischen Delhi: Family for You sei mit einem Waisenhaus in Andhra Pradesh in geschäftlichem Kontakt gestanden, berichtete eine Konsulin im Jahr 2001. Dort seien »Kinder zur Adoption freigegeben worden, deren leibliche Eltern am Leben waren und offenbar nicht über das Schicksal ihres Kindes informiert waren«.

Wiens Jugendamt, sagt Petra Fembek heute, prüfte all die Vorwürfe – und hielt sie für »gegenstandslos«. Und die anderen Adoptionen, die Nesibu in Äthiopien vermittelte? Fembek sagt, eine frühere Senatspräsidentin des Oberlandesgerichts habe alle Fälle überprüft – und nichts beanstandet.

Wer bezahlt für die Schäden? Wer sorgt dafür, dass Chara, das entführte Mädchen, nun in Wohlstand aufwächst, so wie es der Mutter versprochen wurde? Die Behörden wollen die Mutter nicht in Österreich leben lassen – sie befürchten, dass andere Mütter folgen könnten. Die Bauers sagen, sie hätten gerne eine Patenschaft für das Mädchen übernommen, doch Experten rieten ab. Der Staat solle das Geld vorschießen und bei Fembek einklagen. Und so hat Fembek von sich aus eine Lösung angeboten: Bis zum achtzehnten Lebensjahr will sie für Chara Unterhalt bezahlen: siebzig Euro pro Monat. In Summe sind das 5000 Euro. Die Hälfte der Gebühren, die die Bauers zu zahlen hatten.

Wie es nun mit Noah weitergeht? Er tollt durchs Haus, er setzt sich eine afrikanische Maske auf. Er soll in Österreich bleiben, sagen die Bauers. Er habe – anders als Chara – keine Erinnerung an sein früheres Leben in Afrika. Doch er werde vorbereitet auf die entscheidende Frage, die er eines Tages stellen könnte: Wurde auch ich gestohlen?

Von Polizisten und Elefanten – *Warum Vasile C. erschossen wurde*

Österreich muss dem Rumänen Dumitru C. wohl wie eine Art Schlaraffenland erschienen sein. »Wir haben in Bukarest gehört«, sagt der Hilfsarbeiter, »dass es in Österreich möglich wäre, Geld zu stehlen, indem man sich als Polizist ausgibt« – eine lohnende, einfache und vor allem ungefährliche Sache. Dumitru C. und seine drei Kumpane freilich wussten nicht, wie falsch sie die Lage einschätzten.

Am 19. April 2008, gegen vier Uhr morgens, saß Dumitru C. deshalb in seinem von Kugeln durchsiebten Alfa Romeo, der auf einer Böschung bei der Raststation Rannersdorf-Schwechat zu stehen kam. Der Motor war abgestorben, es roch nach Staub und Gummi, die Warnblinkanlage klickte – und ein Röcheln war zu hören. Dumitru C. hielt seinen Bruder in den Armen. »Ich habe ihn geschüttelt«, sagt Dumitru, »ich habe ›Vasile!‹ gerufen. Aber er ist nicht aufgewacht.«

Ein paar Polizisten kletterten derweil über die Böschung, in die der Wagen geschlittert war, sie richteten ihre Pistolen auf das Auto, leuchteten mit Scheinwerfern darauf, und sie riefen: »Polizei! Niederlegen!«

Dumitru C. und sein Freund Cornel P. legten sich mit dem Gesicht nach unten auf das feuchte Gras. Dumitru sagte: »Problema, Kollega!« und deutete auf seinen Bruder, der noch angeschnallt im Wagen saß. Da war Vasile C., Sohn eines »mächtigen Mannes aus Negreşti im Osten Rumäniens«, wie der Akt später vermerkt, schon verblutet. Er starb im Alter von 23 Jahren.

Eine Tragödie hatte sich ereignet. Sie wurde in Österreich zum Politikum. Dumitru C. sagte am Ende seines Verhörs: »Wenn wir einen Raub begangen hätten, dann wäre es normal, dass mein Bruder dabei erschossen worden ist. Das hätte ich verstanden. Doch wir haben nichts dergleichen gemacht.« Österreichs Politiker zeigten indes mehr Verständnis für die Vorgangsweise der Polizei. »Wer in Niederösterreich etwas anstellt«, sagte etwa Niederösterreichs Landeshauptmann Erwin Pröll, »der muss mit dem Schlimmsten rechnen!« Der BZÖ-Politiker Peter Westenthaler freute sich im Jägerjargon, dass die Rumänen »zur Strecke gebracht« wurden. Der damalige ÖVP-Innenminister Günther Platter erklärte: »Niemand hat das Recht, die Arbeit der Polizei anzuzweifeln.« Mit der »Polizistenhatz«, so schrieb die *Kronenzeitung*, müsse endlich Schluss sein.

Es ist Samstagabend, der 18. April, als diese Hatz ihren Lauf nahm. In einem Hotel am Südbahnhof treffen einander drei Rumänen. Es sind Typen, derentwegen manche Politiker wohl gerne noch einmal einen Eisernen Vorhang hochziehen würden. Cornel P., »Mechaniker« und »Pferdepfleger«, ist drogensüchtig. Dumitru C., ein gescheiterter Jusstudent, wurde in Rumänien wegen Vergewaltigung gesucht. Über seinen Bruder ist in den Akten wenig zu finden. Sie alle kommen aus Negreşti, einer Stadt an der Grenze zur Ukraine. Interpol sucht angeblich nach den Männern, verdächtigt sie, auf deutschen Autobahnraststationen nächtens ihr Unwesen zu treiben. Sie sind der Alptraum jener osteuropäischen Autofahrer, die vor Müdigkeit einzuschlafen drohen und deshalb auf Autobahnparkplätzen ein wenig rasten wollen – weil sie sich kein Hotel leisten können.

An jenem Samstag treffen einander gegen 23 Uhr auch Beamte der »Diebstahlgruppe« im Besprechungsraum des

Landeskriminalamts Niederösterreich in der Rennwegkaserne, um den »Einsatzbefehl auszufassen«, wie es in der Akte heißt.

In den Ortschaften Alland, Sparbach, Völlerndorf, Heiligenkreuz und in Rannersdorf seien die falschen Polizisten schon gesichtet worden – nun soll ihnen das Handwerk gelegt werden. Die Täter nehmen Touristen das Geld zur »Falschgeldkontrolle« ab – und brausen davon, heißt es. Trickdiebe? Oder gefährliche Räuber? Ein Opfer will eine Waffe »mit einem hellen Griff« gesehen haben, sagt ein Beamter während der Besprechung. Phantombilder zeigen großgewachsene Männer mit kahlgeschorenen Köpfen und grimmigem Blick.

Während die Polizisten den Einsatz planen, bereiten sich ein paar Kilometer weiter die Rumänen am Wiener Gürtel auf ihren Streifzug vor. Gegen drei Uhr morgens brechen sie mit ihrem schwarzen Alfa auf. Zur Tarnung verwenden sie ein gestohlenes Kennzeichen. Sie tragen keine Waffen bei sich, nicht einmal Spielzeugpistolen. Im Wagen liegt nur ein Blaulicht, daneben ein Kinderpolizeiausweis. Ein Elefant ist daraufgedruckt. Die dummen Touristen, so denken die Rumänen wohl, sie werden den Unterschied nicht bemerken. Über Gürtel und Tangente geht es auf die S1, die sie bei der Autobahnraststation Rannersdorf verlassen.

Auch die Polizisten ziehen los, auch sie schrauben fremde Kennzeichen an ihre Wägen. Ein Golf trägt eine russische, ein Volvo eine rumänische und ein Passat eine slowakische Nummerntafel. Auch die echten Polizisten fahren nach Rannersdorf. Im unbeleuchteten Teil des Parkplatzes legen sie sich auf die Lauer. Sie klappen ihre Sitze nach hinten, stellen sich schlafend – und warten.

Was aber soll geschehen, wenn die Täter wirklich ans Fenster klopfen? Sollen sie Helden spielen? Die Beamten wurden auf den Ernstfall nicht vorbereitet. Zumindest behauptet das Inspektor Günter G., einer der Observanten. In einem Verhör sagt er: »Im Rahmen unserer Besprechung wurde nicht im Detail angeordnet, wie im Falle einer Wahrnehmung der Täter und bei einem direkten Kontakt mit diesen vorzugehen ist.«

Es ist ein zentraler Satz in diesem Fall – er erklärt vielleicht, wieso Polizei und Innenminister heute so nervös reagieren. Die Beamten, auf Diebe spezialisiert, haben in Wahrheit keinen Krisenplan, sie erfahren nur, dass sie »Verstärkung anfordern« und eine »Alarmfahndung auslösen« sollen.

So ungenau die internen Vorgaben, so schlecht die Kommunikation der Teams am Parkplatz. Die »Beleuchtung war spärlich«, klagt ein Beamter später. »Unsere Scheiben waren angelaufen«, sagt ein anderer. Immer wieder versperren Kastenwägen den Teams die Sicht. Wie sollten sie dann einander zu Hilfe kommen?

Es ist halb vier Uhr morgens, als ein Scheinwerfer Amtsinspektor Erich P. und seinen Kollegen Thomas B. blendet. Es ist der Alfa der Rumänen. Der Wagen verstellt den Beamten den Weg. Inspektor P. nimmt sein Funkgerät zur Hand: »Da ist der Erich! Ich glaub, die sind bei uns, die kontrollieren uns. Alarm!« Auch sein Beifahrer Thomas B. greift zum Funkgerät. »Hier ist Team 1! Die Täter sind bei uns«, gibt er durch. Rückmeldung kommt keine. Dann lässt er das Funkgerät auf die Automatte fallen.

Die Beifahrertür des Alfa öffnet sich. Ein »schwaches Blaulicht« dreht sich. Ein Mann vom Phantombild steigt aus. »Der Täter griff zum Handschuhfach«, sagt Inspektor P. Hat er eine Waffe geholt? Inspektor Erich P. kann nicht wissen, dass die dunkle Gestalt nur den Kinderpolizeiausweis mit dem Elefanten holt.

Jetzt steht ein falscher Polizist, es ist Dumitru C., 27, einem falschen osteuropäischen Touristen, es ist der Amtsinspektor P., 53, gegenüber. C. glaubt, einen Russen vor sich zu haben, und sagt: »Polizia! Kontrolle!«

Nun gibt es zwei Versionen des Geschehens. Eine unangenehm klingende rumänische. Und eine offizielle, die sich immer wieder änderte.

Die erste offizielle Version stammt von Amtsinspektor P. und seinen Kollegen. Der sagt: »Ich stieg langsam aus, griff unter die Jacke und machte den Drucker vom Schulterholster auf.« Auch Dumitru C. sagt heute, er habe sich »erschreckt«. »Polizei!« schreit Inspektor Erich P., und Dumitru brüllt: »Scheiß Polizia!«

Dumitru, so behauptet der echte Polizist Erich P., »griff nun in Richtung Hosenbund«. Inspektor P. schießt. »Es war für mich klar, dass der Täter eine Waffe ziehen und auf mich schießen werde«, sagt er. Das Einvernahmeprotokoll vermerkt, der Beschuldigte sei »deutlich erregt«, er hebe die Stimme und »gestikuliert wild«.

Die Polizei wird der Öffentlichkeit zunächst eine völlig andere Geschichte erzählen. Dumitru C. habe zuerst gefeuert. P. habe in Notwehr zurückgeschossen. Eine Falschmeldung.

Nachdem die ersten Schüsse gefallen waren, bricht Chaos aus. Der Beifahrer von Inspektor P., Thomas B.: »Ich habe nicht gewusst, wer geschossen hat.« B. springt aus dem Wagen und stellt sich vor den Alfa der Rumänen. Er brüllt: »Stehen bleiben, oder ich schieße!« Er schreit es immer wieder, wie er sagt. Er ist ziemlich leichtsinnig. Er hört den Motor aufheulen, er sieht den Wagen auf sich losrasen, er springt zur Seite und schießt auf den Beifahrer Dumitru C.

Im Gesetz steht: »Gegen Menschen dürfen Waffen nur

angewendet werden, wenn der Zweck ihrer Anwendung nicht durch Waffenwirkung gegen Sachen erreicht werden kann.« Das bedeutet: zuerst auf die Reifen, dann auf Menschen schießen. Ein Schuss muss das letzte Mittel sein.

Die Polizisten in den anderen Fahrzeugen glauben zunächst an ein Feuerwerk: »Ich konnte zunächst nicht einordnen, ob es Schweizerkracher oder tatsächlich Pistolenschüsse waren«, sagt der Beamte Hannes F. Ein anderer will »dumpfe Knalle« gehört haben. Ein Dritter sagt, seine Scheiben seien »angelaufen« gewesen. Es herrscht, wie ein Wiener Polizeiexperte später erklärt, eine höchst gefährliche Situation, in die sich die »Diebstahlsgruppe« begeben hatte.

Vielleicht war ja alles auch weniger heldenhaft, weniger chaotisch? Es gibt noch die rumänische Variante. Sie stammt von Dumitru C. – und sie wird durch die gerichtsmedizinischen Gutachten nicht widerlegt. Er schildert die Schießerei völlig anders. Als er merkte, in die Falle getappt zu sein, sei er sofort zum Auto gerannt, um abzuhauen. Unplausibel ist diese Darstellung nicht. Wieso sollte sich ein Unbewaffneter mit einem Bewaffneten anlegen? Dumitru C. sagt, die Polizei habe sofort losgeballert, um ihn zu stoppen: »Kaum war ich im Auto und habe die Türe zugemacht, bin ich bereits von der Seite angeschossen worden.«

Dann sagt er einen wichtigen Satz: »Wir sind noch gestanden.« Der Gerichtsmediziner stützt diese Aussagen. Alle drei Rumänen seien im Wagen sitzend getroffen worden. Ein Projektil durchbohrt den linken Oberam von Dumitru C., dringt in den Bauch seines Bruders Vasile ein. Ein zweites Projektil verletzt Cornel P. am rechten Knie.

Es sind, wie sich später herausstellt, mindestens zwei Dienstwaffen, aus denen auf den Wagen geschossen wurde. Doch nur Inspektor Thomas B. gab beim Verhör an, auf den

Alfa gezielt zu haben. P. sagte aus, nur in Notwehr auf den ausgestiegenen Dumitru C. geschossen zu haben.

Jetzt beginnt auch Amtsinspektor Erich P., der Mann, der zuerst schoss, zu grübeln. Dann ruft er einen ermittelnden Oberstleutnant an. »Der Beamte P.«, heißt es in dessen Amtsvermerk, »habe das Gefühl, dass in dem von ihm geschilderten Ablauf etwas fehlt. Nach intensiven Überlegungen während der gesamten folgenden Nacht ist in seine Erinnerung zurückgekehrt, dass er nach der unmittelbaren Notwehrsituation einen Schuss in das Innere des Täterfahrzeuges abgegeben hat, um die Flucht der Täter und ein Überfahren seines vor dem Fahrzeug befindlichen Kollegen zu verhindern.«

Das sind sorgfältig gedrechselte Formulierungen. Aus dem Amtsdeutsch übersetzt besagen sie: Der Beamte hat zwar zunächst nicht die ganze Wahrheit gesagt, aber er hat so gehandelt, wie es das Gesetz vorsieht.

* Wie der Fall der Rumänen ausgeht? Einer der falschen Polizisten wurde freigelassen. Er gilt nur als harmloser Trickdieb. Das Strafgericht hat die echten Polizisten freigesprochen. Das Schlaraffenland, von dem Dumitru C. träumte, ist doch nur eine Art Wilder Westen, wo nicht das Gesetz, sondern das Schießeisen des Sheriffs regiert.

Die Jagd von Krems – *Der beschämende Tod des Schülers Florian Pirker*

In der Stunde seines Todes liegt der Bub vor dem Supermarktregal mit den Red-Bull-Dosen und weint. Florian Pirker, ledig, geboren am 26. Oktober 1994, Schüler der 2b der allgemeinen Sonderschule Mitterweg, wie ein Gerichtsmediziner im Obduktionsprotokoll später vermerken wird.

Florian Pirker schnappt nach Luft, er verliert literweise Blut. Sein verwundeter Freund Roland T., sechzehn, kauert ein paar Meter hinter ihm. »Habt ihr mit Munition geschossen?« fragt Roland eine zitternde Polizistin. Ein später eintreffender Polizist sagt: »Tut es dir weh?«

Es ist der 5. August 2009, drei Uhr morgens, als Sanitäter des Roten Kreuzes in diesem Chaos eintreffen. Sie erscheinen ohne Arzt. »Ein Notarztwagen«, so vermerkt der Gerichtsmediziner Christian Reiter in seinem Gutachten, war trotz lebensgefährlicher Verletzungen des Florian Pirker »nicht verfügbar.« Auch »bezüglich des Kreislaufs«, so Reiter, »wurden keine Maßnahmen ergriffen; eine Blutdruck- und Pulsüberwachung fanden nicht statt«. Das hätte nichts mehr genützt. Eine Kugel hatte Florians Rückenmark und seine Lungenflügel durchbohrt. Sie traf ihn »124 Zentimeter oberhalb der Fußsohlenebene und 2,5 Zentimeter linksseitig der Mittellinie« seines Körpers. Durch die Wucht des Sturzes nach dem Schuss erlitt Florian Pirker überdies einen Bruch des Schläfenbeins.

Die Sanitäter setzen Florian Pirker eine Sauerstoffmaske an, sie pumpen insgesamt fünfzehn Liter Sauerstoff in seine

Lungen. Er versucht, die Atemmaske vom Gesicht zu reißen. Im Schockraum des Krankenhaus Krems setzen Ärzte dem Burschen noch Stromstöße. Um 4 Uhr 23 stirbt der Patient »infolge Verblutens und Erstickens nach Lungendurchschuss« einen »gewaltsamen Tod«.

Fast ein Jahr später, es ist der 11. Juni 2010, läutet es an der Türe von Florian Mutter Ernestine. Der Briefträger überbringt ein Paket, Absender Landesgericht Korneuburg. Frau Pirker sieht den Inhalt und bricht zusammen. Ordentlich zusammengefaltet übersandte ihr ein Richter eine H&M Jacke und ein braunes T-Shirt. Es sind die Kleidungsstücke ihres Sohnes. Sie sind durchlöchert, zerschnitten und mit Blut getränkt. Niemand hat Ernestine Pirker vorgewarnt, dass sie die Kleidung ihres erschossenen Sohnes nach so langer Zeit auf diese Art in Empfang werde nehmen müssen. Sie hat die »Depositen« nun als einen weiteren Beweis für ein Staatsversagen auf ihrem Küchenboden aufgebreitet. Sie kniet davor, sie streicht über die Kleidung, ehe sie die Stücke penibel zusammenfaltet. »Das Gewand von meinem erschossenen Mauserl«, sagt sie und wischt sich damit die Tränen weg. »Wie gemein, wie böse kann man sein, dass man einer Mutter so etwas wortlos mit der Post schickt.«

Das Schicksal des Florian Pirker und seiner Mutter ist auch die Geschichte eines Staatsversagens. Der Fall beschäftigte monatelang die österreichische Öffentlichkeit. Denn Florian Pirker wurde von einem Polizisten aus zwei Metern Entfernung von hinten erschossen, nach einem Supermarkteinbruch.

Der Fall Krems rührt an grundsätzlichen Fragen: Wie brutal darf die Polizei vorgehen? Welche Rechte hat sie gegenüber Einbrechern, die die Öffentlichkeit so ängstigen? Wie wird mögliches Fehlverhalten geahndet? Wie verfährt die Gesellschaft mit den Hinterbliebenen und Opfern der Tat?

Als der Fall öffentlich wurde, löste er eine Welle der Empörung aus. Nicht Mitgefühl mit der Familie war zu erkennen, sondern Hohn und Spott mit der angeblich verwahrlosten Familie eines jungen Schwerkriminellen. »Wer alt genug ist zum Einbrechen, der ist auch alt genug zum Sterben«, spottete ein bekannter Revolverjournalist in der *Kronenzeitung*. Niederösterreichs Landeshauptmann Erwin Pröll stellte sich schon vor dem Prozess auf die Seite der Polizei: »Schluss mit der Polizistenhatz«, forderte er. Die Polizeigewerkschaft behauptete in einer Presseaussendung, die Exekutive dürfe »nicht herabgewürdigt werden«. Ernestine Pirker bekam damals nur einen mitfühlenden Brief. »Sehr geehrte Trauerfamilie«, steht darin geschrieben, »als ich vom tragischen Unglück und vom Ableben ihres Sohnes erfahren habe, hat mich das zutiefst erschüttert. In meiner Verantwortung werde ich alles dafür beitragen, die genauen Umstände des Polizeieinsatzes aufzuklären.« Gezeichnet: Maria Fekter, Innenministerin. Ernestine Pirker hat den Brief in einem Aktenordner abgeheftet, neben all den Rechnungen für Traumatherapien und Bestattungskosten, die sie nicht bezahlen kann.

Was ist in jener Nacht wirklich geschehen? Und wie wurde der Fall aufgeklärt? Wollte der Staat ein Verbrechen seiner Organe wegadministrieren? Zunächst sah es danach aus. Die betroffenen Beamten verweigerten tagelang die Aussage, angeblich aufgrund ihrer Traumatisierung. Vor Gericht gab einer zu, dass er sich den Fall »zusammengereimt«, sich also abgesprochen hat. Der einzige Zeuge des Geschehens, Florian Pirkers Freund Roland, wurde allerdings noch im Krankenhaus in U-Haft genommen und trotz seiner schweren

Verletzungen einvernommen. Eine psychologische Ruhepause wurde ihm nicht zugestanden. Die U-Haft hatte wohl auch ein Kalkül: Der Bursche konnte nicht mehr mit den Medien sprechen. So gemütlich sollte der Fall dann doch nicht entsorgt werden. Nach medialem Protest wurden Kriminalbeamte aus dem Nachbarbundesland Oberösterreich beigezogen, und ein Richter aus der Kleinstadt Korneuburg, Manfred Hohenegger, führte den Prozess. Mühselig arbeiteten sich nun oberösterreichische Ermittler, die den Fall aus Befangenheitsgründen von der niederösterreichischen Kripo übernommen hatten, an die Wahrheit heran. Hohenegger besuchte den Supermarkt, er steckte sich Einbruchswerkzeug in den Gürtel und lief damit herum, so wie es die Burschen getan hatten, er ging sogar in den Kühlraum des Einkaufsmarktes, weil er selbst fühlen wollte, ob man sich in der Eiskammer verstecken kann oder doch erfriert. Der Richter wurde stutzig. Er wird später von einer »Jagd« sprechen, die dem Burschen das Leben kostete.

Gegen zehn Uhr abends des 4. August 2009 trafen einander Roland T. und sein Freund Florian Pirker. Sie sind pubertierende Problemkinder, die sich die Nacht um die Ohren schlagen. »Vor zwei Wochen hatte ich mit meiner Mama Streit, und sie hat mich aus der Wohnung hinausgeworfen«, erzählt Roland T. später den Ermittlern. Die Kids trinken Cola, streunen durch Krems und kommen auf den dummen Gedanken – sie wollen in den Merkur-Markt einbrechen.

Roland T., wegen Einbruchs bereits vorbestraft, träumt vom großen Coup. »Ich erwartete mir 100 000 Euro und hoffte, dass der Tresor unversperrt wäre. Mit dem Geld wollte ich ein neues Leben anfangen und mit meiner Freundin ein neues Heim kaufen.« Auch Florian Pirker ist am

Kremser Polizeiposten nicht unbekannt. Er hat einige Vormerkungen. Einmal war er in einen Zirkus eingebrochen und drehte dort mit einem Bagger ein paar Runden; dann hatte er sich in einem Jugendheim geprügelt. Und einmal hatte er eine Spielkonsole in einem Elektronikmarkt geklaut, diese aber wieder zurückgegeben. Ein Schwerverbrecher, wie die Medien schreiben? Ein »Schrecken der Lehrer«? Wohl eher ein Heißsporn.

Aus dem Keller der Eltern holen sich die Burschen einen Schraubenzieher und eine Gartenkralle mit einem 35 Zentimeter langen Stiel. Sie stülpen Kapuzen über den Kopf und verhüllen ihr Gesicht mit Geschirrtüchern »so wie in den Cowboyfilmen«. Ein Obdachloser, der später vernommen wird, sah die Jugendlichen. Zumindest er erkannte, dass es »Rotzbuben« und keine Berufsverbrecher waren.

An der Hinterseite des Merkur-Markts heben die Jugendlichen das Rolltor des Lieferanteneingangs hoch und schlüpfen in den hinteren, stockdunklen Teil, dort, wo sich Büros, Kühlräume, Flaschenlager und ein Tresor befinden. Die Burschen schleichen ins Büro. »Ich probierte, mit dem Schraubenzieher die Tresortüre aufzuzwängen«, sagt Roland. Er scheitert. Ohne es zu bemerken, löst er den Alarm aus. Es ist 2 Uhr 30 nachts.

Zu dieser Zeit trinkt die Sektorstreife Krems eins, bestehend aus Gruppeninspektor Andreas K. und Revierinspektorin Ingrid G., Kaffee im Wachzimmer. Es war eine ruhige Nacht, erzählen beide Polizisten. Ein falscher Alarm bei einem Baumarkt war zu verzeichnen, sonst keine weiteren Vorkommnisse. Ingrid G. ist seit vierzehn Jahren Polizistin. Sie arbeitete früher bei der Sitte, war drei Jahre in Karenz und versieht nun ihren Dienst in Teilzeit bei der Polizei. Eine ruhige und besonnene Beamtin, wie Kollegen erzählen. Noch nie hat sie von ihrer Waffe Gebrauch gemacht. Andreas K. ist in der Polizei weniger gut angeschrieben. Die Jugendlichen in Krems-Lerchenfeld nennen ihn »Rambo«. In Wien war er einmal eine Zeitlang suspendiert, er soll eine Geheimprostituierte mit einer Waffe bedroht haben. Doch er wurde freigesprochen, die Belastungszeugin sagte nicht gegen ihn aus. Seine letzte Ausbildung mit der Waffe liegt achtzehn Jahre zurück. Ein Beamter nennt ihn einen »Superkollegen«. Er selbst sagt: »Ich war mit mir selbst zufrieden. Ich habe das erreicht, was ich haben wollte.« 1600 Euro Gehalt im Monat und einen ruhigen Posten – »das war mein Ziel«.

Als der Alarm im Supermarkt anschlägt, vermuten die Polizisten wiederum eine Fehlmeldung. Sie rollen mit dem Streifenwagen ohne Blaulicht heran. Die Beamten erwarteten offenbar keine Täter mehr, sonst hätten sie den Supermarkt »diagonal umstellen« und Verstärkung anfordern müssen. Die Jugendlichen sehen das Scheinwerferlicht. »Scheiße«, flüstert Roland T. zu Florian Pirker, »komm, schleichen wir uns!« sagt der. Die Jugendlichen ziehen sich in den Tiefkühlraum zurück. Es hat dort Minus 22 Grad, die Burschen sind dünn bekleidet, es sind die heißesten Tage des Jahres. Sie würden in dem Raum nur wenige Minuten überleben. Also schleichen die Burschen in eine Nische in einem dunklen Gang, der vom finsteren Lager- zum erleuchteten Supermarktbereich führt.

Die Polizisten nähern sich, sie haben keine Angst. Als im Merkur das letzte Mal Alarm ausgelöst worden war, berichtet ein Supermarktmitarbeiter, sei bloß ein Vogel durch die Regale geflogen. Doch plötzlich erfasst der Lichtkegel ihrer Taschenlampen zwei Gestalten. »Was macht's ihr da?«, ruft der Polizist. Die vermummten Gestalten springen auf.

»Da ich durch das Taschenlampenlicht total geblendet

war, habe ich nichts gesehen. Wir sprangen auf und liefen aus Panik davon«, gibt Roland T. zu Protokoll. Seinen Schraubenzieher, so versichert er, habe er in der Bauchtasche seines Kapuzenpullovers eingesteckt gehabt. Florian habe die Gartenkralle unter die Jacke stecken gehabt.

Die Polizistin Ingrid G. sagt dagegen: »Ich sah Entschlossenheit, Aggression, Zorn, Ernst. Den Ausdruck der Augen vergesse ich nicht.« In den Händen der Täter habe sie eine »Hacke« wahrgenommen, »die mir vielleicht den Schädel einschlägt«, und ein »Messer«. Andreas K. steht neben seiner Kollegin im dunklen Gang. Er sagt: »Die haben sich immer hin und her bewegt. Das war so eine Wippbewegung, wo man nicht gewusst hat, was macht der jetzt. (…) Ich habe dann zur Waffe gegriffen, wie ich gesehen habe, dass das Bedrohungsgebiet da war.«

K. feuert einen »Warn- oder Schreckschuss«, wie er sagt. Die Kugel pfeift knapp über die Köpfe der Jugendlichen hinweg und durchschlägt eine Türe in zwei Metern Höhe. Im Schock gibt nun auch die Polizistin einen »tiefen Schuss in die Beine« eines der Einbrecher ab. Sie trifft Roland T. aus einer Distanz von sieben Metern.

Die Jugendlichen stolpern vom dunklen Gang in den hell erleuchteten Verkaufsraum. Roland T. bricht dort zusammen. Florian läuft an ihm vorbei. Auch er – und das ist ein wesentliches Detail – befindet sich nun im beleuchteten Teil des Supermarkts. Ingrid G. sagt, sie sei in diesem Moment »wie angepickt« und »gelähmt« gewesen. Sie habe die nächste Szene nicht mehr wahrgenommen. Sie kniet derweil neben Roland T. und befiehlt: »Nicht bewegen!« Polizist K. sagt: »Meine Kollegin und ich haben uns da kurz angeschaut, ob eh nichts ist.« Die Lage schien unter Kontrolle. Noch etwas sagt der Polizist: Er habe Roland T. gekannt.

Bis zu diesem Moment ist der nächtliche Vorfall nachvollziehbar. Zwei Beamte, zwei Vermummte, zwei Wahrnehmungen, eine unerwartete Stresssituation im Dunklen, zwei Schüsse, ein Verletzter.

Dann beginnt die entscheidende Szene. Anstatt den Rückzug anzutreten, Verstärkung zu fordern und den Tatort über den dunklen Teil zu verlassen, sucht Gruppeninspektor Andreas K. im erleuchteten Supermarkt nach dem davongelaufenen Florian. »Wo ist der andere?« fragt er.

Es ist der Staatsanwaltschaft unerklärlich, warum der Polizist noch einmal die Begegnung mit dem zweiten Vermummten suchte. Gerade noch hatte er sich vor dem Täter ja zu Tode gefürchtet. Zumindest gab Andreas K. dies zu Protokoll. Vielleicht, so rätseln die Kriminalisten, hatte K. keine Angst mehr, schließlich sah er ja Roland T. am Boden liegen. K. schreitet weiter in den beleuchteten Bereich. Zwischen den Supermarktregalen trifft er auf den unbewaffneten Florian Pirker, der sich hinter Regalen versteckt. Der Beamte: »Halt, Polizei!«

Aus dem Protokoll der Hauptverhandlung des Landesgerichts Korneuburg:

Richter: »Ich behaupte, Sie waren auf Kampf, Sie waren voll mit Adrenalin und sind denen nachgegangen. Das behaupte ich jetzt. Und Sie sagen, das ist falsch. Sie gehen mit der gezogenen Waffe dorthin, wo sie nicht wissen, wie viele Täter es sind. Sie gehen jemandem nach, der Sie angeblich vorher am Leben bedroht hat mit einer Hacke, dann gehen Sie dem nach, weil Sie sich fürchten, das gibt es nicht.«

Angeklagter: »Ich habe zu dem Zeitpunkt nicht gewusst, ist da noch jemand im Raum drinnen (…).«

Richter: »Sie sagen, Sie waren auf der Flucht. Man könnte auch sagen, auf der Jagd. Kann man das so sagen?«

Angeklagter: »Nein, auf keinen Fall.«

Polizist K. beteuert, er sei in Notwehr »in die Knie gegangen«, um P. über »Kimme und Korn« anzuvisieren. Er habe auf dessen Beine gezielt. In Wahrheit, so errechneten Ballistiker, traf er Florian Pirker aus zwei Metern Entfernung – und zwar in den Rücken. Der Polizist gesteht, dass er seine Version »gereimt« hatte.

Andreas K. stotterte bei seinen Einvernahmen: »Die Schussabgabe war aufgrund des Angriffs, der befürchtet war beziehungsweise zur Erzwingung der Festnahme, also nie, dass der Täter auf der Flucht war, also das möchte ich schon betonen. Es ist alles relativ schnell gegangen. Es war nicht mehr aufzuhalten. (…) Bevor ich den Schuss abgegeben hab', habe ich dann rechts irgendetwas gehört. Da war ein Schatten oder sonst was. Ich habe kurz nach rechts umgedreht, und währenddessen war der Pirker schon umgedreht und war in Vorwärtsbewegung, und dann war die Schussabgabe.« Pirker sei fünf Meter entfernt gestanden.

Die Justiz steht vor Rätseln. Hatte der Polizist wirklich Angst? Oder wollte er seine Kollegin beeindrucken und den zweiten vermummten Einbrecher fangen? Wollte er einen Einbrecher abknallen, den Helden spielen?

Richter: »Dass die Kollegin den zweiten Täter getroffen hat, die Information hatten Sie schon?«

Angeklagter: »Ja.«

Richter: »Sie haben noch keinen getroffen?«

Angeklagter: »Nein.«

Polizisten dürfen nur dann auf Menschen schießen, wenn sie sich in einer Notwehrsituation befinden oder eine Festnahme oder Flucht einer »allgemein gefährlichen Person« verhindern wollen. So sieht es das Waffengebrauchsgesetz vor. Der Beamte, so wird klar, hatte kein Recht, die Schusswaffe zu gebrauchen. Es lag weder eine Notwehrsituation vor noch gab es Hinweise, dass der Getötete eine »allgemein gefährliche Person« war, wie es das Gesetz vorschreibt. Florian Pirker stand mit dem Rücken zum Beamten und wollte flüchten. Der Polizist hätte einfach den Rückzug antreten und Verstärkung anfordern müssen. Stattdessen hat er Florian Pirker von hinten erschossen.

Mord? So weit will der Richter nicht gehen. Er attestiert ein Versehen, ein Vergehen. Aus »Furcht oder Schrecken« habe der Inspektor das »gerechtfertigte Maß der Verteidigung« überschritten. Acht Monate Haft – auf Bewährung. Zum Vergleich: Roland T., jener sechzehnjährige Jugendliche, der Florian Pirker beim Einbruch begleitete, erhielt 38 Monate unbedingte Haft. Seine Vorstrafen wegen diverser Einbrüche in Badehütten und Tankstellen wurden schlagend. Der Schaden, den er anrichtete, betrug nicht einmal einhundert Euro. Der Polizist, so forderte der Richter immerhin, solle nie wieder eine Waffe bekommen. Die Gerichtsreporter lobten den Prozess, weil sie glaubten, der Gerechtigkeit sei nun Genüge getan.

Drei Monate später sandte das Gericht Ernestine Pirker die Kleidung ihres Sohnes nach Hause. Kurz davor wurde dem Polizist seine Waffe ausgehändigt. Er versieht damit nun »Innendienst«.

Die Öffentlichkeit verlor das Interesse an diesem Fall, aber Ernestine Pirker verlor das Vertrauen in den Rechtsstaat. Hatten die Politiker da draußen nicht ihre Unterstützung zugesagt? Die Innenministerin war doch so mitfühlend gewesen.

Heute ist Inspektor K. wieder resozialisiert und bewaffnet. Und Ernestine Pirker, die Hinterbliebene? Das Strafrecht dient der Spezial- und Generalprävention. Der Täter soll für seine Tat ein Übel verspüren, die Gesellschaft abgeschreckt werden. So steht es sinngemäß im Gesetz. Doch seit einigen Jahren soll das Strafrecht ein weiteres Interesse bedienen: die Opfergerechtigkeit. Hinterbliebene sollten professionell betreut und schnell entschädigt werden, um über das erlittene Unrecht hinwegzukommen.

Die Mutter erhielt keinen Cent, »nicht einmal den Grabstein für mein Mauserl kann ich mir leisten«. Die Finanzprokuratur denkt noch immer über ein paar zehntausend Euro Entschädigung nach. Ernestine Pirker verlor derweil ihren Job, sie verließ Krems, sie sei behandelt worden »wie der letzte Dreck«.

Das Wirtshaus, in dem Pirker als Servierkraft arbeitete, wollte sie nicht länger beschäftigen. Hier speisen auch Kremser Polizisten und Staatsanwälte, auch der Beamte, der ihren Sohn erschossen hat. Er kannte Florian Pirker, und er kannte seine Mutter.

In der Lerchenfeld-Siedlung, wo »die Erni« einst »im Hof mit den Nachbarn geschnattert« hatte, wie sie erzählt, wo der Bub den Ball an die Wand knallte und den Kindergarten besuchte, haben sich die Leute auf einmal weggedreht, wenn Frau Pirker des Weges kam. In der *Kronenzeitung* stand im »Freien Wort«, den berüchtigten Leserbriefen, geschrieben: »Man sollte die Eltern anzeigen und verurteilen, die Aufsichtspflicht wurde hier eklatant vernachlässigt! (...) Ich bitte um einen Orden für die beiden Beamten!«

»Überall«, sagt Frau Pirker, »haben die Leute gezischt.« Eine schlechte Mutter müsse sie wohl gewesen sein, bei so einem »Babyface-Einbrecher«, wie die Zeitungen ihren Sohn nannten. Nicht einmal das Grab blieb von Spott verschont. »Das hat zu viele Engerl«, zischte eine Dame, als die Mutter dort trauerte. Einzig der Trafikant blickte Ernestine

Pirker in die Augen. Er verglich nämlich ihr Gesicht mit dem Titelblatt von *Österreich*. Die Reporter des Blatts hatten Pirker beim Begräbnis ins Gesicht geblitzt als wäre sie eine Prominente.

Ein paar Tausender Entschädigung bekam Frau Pirker für diese Persönlichkeitsverletzung. Die Medienrichterin sagte beim Prozess: »Und Sie sind also die Mutter des Babyface-Einbrechers?« Und die *Niederösterreichischen Nachrichten*, immerhin im Eigentum der katholischen Kirche, höhnten: »So brutal es auch klingt. Die Familie des erschossenen Supermarkteinbrechers versucht, aus den tragischen Ereignissen Kapital zu schlagen!« Dabei musste Ernestine Pirker mit dem wenigen Geld ihre Opferanwälte bezahlen.

Ernestine Pirker, eine kräftige, stille Frau, hat all diese Berichte aufgehoben, sie hat Dokumente und Bescheide gesammelt, Rechnungen und Briefe. Sie sagt, sie habe durch die Tat ihren Sohn verloren und danach auch ihre Würde.

Sie zog weg von Krems und lebt jetzt am Rande einer Weinviertler Gemeinde. Hier, in einem ordentlichen Einfamilienhaus, versucht sie sich mit einem neuen Lebensgefährten eine Existenz aufzubauen. Auf dem Küchentisch stehen Fotos von Florian. Er hält seine Freundin im Arm, hinter dem Ohr steckt eine Zigarette.

Wer Frau Pirkers Erzählungen hört und durch ihre Ordner blättert, dem stellt sich eine grundlegende Frage: Wieso versagt der Opferschutz selbst in so einem Fall so kläglich? Für den Polizisten, der rechtswidrig einen Menschen tötete, konnte das Berufsleben weitergehen, als wäre nichts geschehen. Der Staat wollte seine Karriere aufgrund seines einmaligen Versagens nicht zerstören. Wieso aber sitzt Ernestine Pirker nun vor einem Haufen von Schulden und schikanöser Behördenpost?

Nicht nur das milde Urteil und das gedankenlos übersandte Paket mit der blutigen Kleidung hat Pirkers Vertrauen in den Staat erschüttert. Auch der Bescheid des Bundessozialamts, Zahl 214-613019-007, macht sie ratlos: »Ihr Antrag auf Erstattung der Bestattungskosten wird abgewiesen«, wurde da »spruchgemäß entschieden.« Ihr Sohn sei zwar erschossen worden, doch er sei kein Opfer einer Vorsatztat, sondern nur durch fahrlässiges Handeln zu Tode gekommen. Dafür könne das Sozialamt leider nicht aufkommen. Das Verbrechensopfergesetz schreibe es so vor. Erst nach mehrmaligem Bitten wurde ein Teil der Begräbniskosten zusammengekratzt, den Grabstein bezahlte Frau Pirkers Bruder.

Oder die Rechnung eines Vereins, der psychologische Hilfe anbietet. Ein paar Stunden Trauerbegleitung für Pirkers dritten Sohn, den fünfjährigen Elias, kosteten 647,40 Euro. Kein Staat, kein Innenminister, kein Landesfürst hat ihr das Geld bis jetzt ersetzt, keine Spendenaktion wurde gestartet wie bei anderen Opfern von solch spektakulären Straftaten üblich.

Dabei nahm der kleine Elias, so erzählte Pirker, sogar den Sturzhelm seines erschossenen Bruders mit ins Bett. Er wollte auch sterben, so wie Florian, sagte er. Mit Playmobilfiguren hatte ihm die Mutter die Umstände des Todes erklärt. Eine professionelle Traumatherapie ist nicht leistbar. Frau Pirker lebt von 540 Euro Krankengeld, weil sie nicht mehr arbeiten kann, wie früher, »als wir noch glücklich waren«.

Früher? Was war da eigentlich? Wer war diese Familie, die ihren Sohn über Nacht verlor und danach verhöhnt wurde? Ernestine Pirker war das neunte Kind einfacher Leute aus Niederösterreich. Ihr Vater war gewalttätig und verschwand bald. Sie tat, was viele Frauen auf dem Lande tun: Sie pflegte ihre Mutter, später kümmerte sie sich um Florian Pirkers Vater, der sich vom Müllfahrer zum Disponenten hinaufgearbeitet hatte und nach einem Unfall mit gebrochenem Schädel ein Jahr lang betreut werden musste. Ihre Ehe zerbrach, es kamen schwere, gewalttätige Zeiten, über die Frau Pirker nicht öffentlich sprechen will. Ernestine Pirker beklagte sich nie darüber. Sie servierte im Wirtshaus, sie putzte, sie bügelte für betuchte Herrschaften. Im Urlaub fuhr die Familie nach Lignano, und wenn Florian sagte, »Mama, ich hätte gerne Nike-Schuhe«, dann antwortete sie: »Mausl, ich geh' ein Wochenend arbeiten, dann kriegst das.« Sie hat nicht viel gehabt, diese Kremser Alleinerzieherin.

Bis zur Nacht des Todes. Da klingelte bei Ernestine Pirker das Telefon. Sie möge ins Krankenhaus kommen. Sie musste eine Stunde warten. Sie wusste nicht, was geschehen war, sie ahnte nicht, dass ihr Sohn erschossen mit Schläuchen im Mund auf der Intensivstation lag.

Die Polizisten seien »wie Orgelpfeifen« dagestanden. Ernestine Pirker wurde stundenlang im Unklaren gelassen. Sie durfte den Leichnam ihres Sohnes nicht sehen, sie durfte sich nicht verabschieden. »Ziehen S' weg von Krems«, rieten ihr die Leute. »Sie finden hier keine Arbeit mehr«, erklärte das Arbeitsamt. So kam es auch.

Ernestine Pirker verspürt keinen Hass, sondern das Verlangen nach Gerechtigkeit. Die Kosten für Therapie und Grabstein will sie erstattet haben, und sie will, dass der Polizist, der ihren Sohn tötete, nicht so mir nichts, dir nichts in den Dienst zurückkehrt. Sie ist verwundert über die archaischen Reflexe, die dieser Fall in ihrer Heimat Krems und bei der Öffentlichkeit auslöste.

Es sind Mechanismen, die Opferanwälte immer wieder erleben. Zuerst herrscht ein wenig Mitgefühl mit den Opfern, doch dann obsiegen am Stammtisch Neid und Zynismus. Der Anblick eines Opfers, so scheint es, ist für viele nicht zu ertragen. Es muss mitschuldig gemacht werden an Straftaten, die unheimlich wirken und unser Rechtsverständnis erschüttern. Das Opfer muss zum Täter gestempelt werden. Es ist diese Melange aus Schlamperei, schlechten Gesetzen und einer erbarmungslosen Öffentlichkeit, die Ernestine Pirkers Leben verändert haben. Zum Abschied sagt sie: »Richten Sie der Öffentlichkeit meinen sehnlichsten Wunsch aus: Die Polizei soll sich wenigstens entschuldigen. Selbst das ist bis heute nicht geschehen.«

So ist Boulevard –
Ein Redaktionsbesuch

Martina B. hatte jede Menge Ungemach erwartet, als sich ihr Freund mit angepinkelter Hose vor einer Bawag-Filiale in Wien-Neubau der Polizei ergab. Er hatte gerade die Bank überfallen, Geiseln genommen und dabei mit einem Reporter der Gratiszeitung *Österreich* telefoniert. All das war schon kaum vorstellbar. Aber dass ausgerechnet sie es sein sollte, die tags darauf in der Zeitung für die Tat verantwortlich gemacht wurde, das sprengte ihre Vorstellungskraft.

Wolfgang Fellner, der Eigentümer und Chefredakteur, richtete am Titelblatt seines *Österreich* nicht nur einen Pfeil auf die Hose des Bankräubers, er setzte auch »Hölli« in Bewegung. Wolfgang Höllrigl, den Chronikchef von *Österreich*. Der suchte nun nach Erklärungen für die Tat und fand sie bei Frau B. Höllrigl schrieb: »Ihr Heißhunger trieb die Waage weit in den dreistelligen Bereich, ihr sexueller Appetit brachte Günther B. um den Verstand.« Von Frau B.s »geheimem Leben« wusste *Österreich* nun zu berichten, von ihren Besuchen in Swingerklubs, ihrer Verschwendungssucht, ihrem Magen, den sie sich »abbinden« ließ, und dem großen »Geschlechtsmerkmal« ihres neuen »Galans«, mit dem sie den eifersüchtigen Günther B. in den erweiterten Selbstmord, eben die Geiselnahme, getrieben haben soll. Dazu gab es Urlaubsfotos von Frau B. – als »Slideshow«. Nur ein schmaler Balken schützte das Gesicht der Frau. »Sogar der Wirt am Eck hat sie erkannt. Sie wurde gesellschaftlich unmöglich gemacht«, sagt ihr Anwalt Michael Rami. 22 000 Euro muss

Österreich an Frau B. nun für das Zertrampeln des »höchstpersönlichen Lebensbereiches« bezahlen. Höllrigl aber sagt: »Ich muss doch erklären, wieso es zu dem Verbrechen kam. So funktioniert eben der Boulevard.« Dann fragt er: »Bist du vielleicht der Ethikprofessor?«

Als Wolfgang Fellner 2006 sein *Österreich* präsentierte, applaudierten Volk, Promis und Politiker. Fellner verteilte Autogramme wie ein Fußballstar. Er wolle die »*Süddeutsche* von Österreich« gründen, versicherte er, und sein Team motivieren »wie Jürgen Klinsmann die deutsche Elf«. Ein Jahr später sitzt Chefreporter Höllrigl mit dunklen Augenringen in der Kantine von *Österreich* und sagt: »Zu einem guten Match gehört auch die harte Gangart.«

Höllrigl ist ein rüder Boulevardprofi, er sagt, er sei politisch links sozialisiert, er habe viele gute Geschichten aufgedeckt in seinem Leben. Den Fall des NS-Arztes Heinrich Gross zum Beispiel. Für *profil* schrieb er ein Porträt des »Roten Heinzi«, eines Gürtelkönigs, »und danach bekam ich Polizeischutz«. Höllrigl würde keine Ausländer durch den Boulevard jagen, wie es die *Krone* tut. Schon eher den Ex-Banker Helmut Elsner. Aber vor ihm liegt nun die Druckfahne mit einer Geschichte über eine ehemalige burgenländische Weinkönigin. Sie ist hochschwanger und wird von ihren Eltern gesucht, weil sie psychisch krank herumirrt. Was macht Höllrigls Team daraus? Das Blatt druckt die »Fahndungsfotos« und schreibt: »Die schwangere Psycho-Patientin könnte im Drogenmilieu untergetaucht sein.« Das tratschten halt die Nachbarn. In Wahrheit war die Frau in eine Geburtsklinik nach Finnland ausgerissen. So schnell wird aus einer Kranken eine Kriminelle. »Der Zeitdruck«, sagt Höllrigl, »ihr habt ja keine Ahnung, wie höllisch der ist.«

Als »menschenverachtend« hat der *Kurier*, das Blatt des

bürgerlichen Boulevards, den Journalismus von *Österreich* bezeichnet. Das Oberlandesgericht stellte vergangene Woche fest, dass dies eine zulässige Wertung sei. Fellners Methoden dürfe man auch ruhig als »Hyänenjournalismus« bezeichnen, so die Richter. Eine Anspielung auf den »Chor der Hyänen« in Karl Kraus' »Die letzten Tage der Menschheit«. In Meyers-Lexikon stand zu Kraus' Lebzeiten über diese »katzenartigen Raubtiere« zu lesen: »Sie haben eine kreischende, grässlich lachende Stimme, verbreiten üblen Geruch, gehen nachts auf Raub aus, dringen bis in die Ortschaften, um sich der Leichen und der Abfallstoffe zu bemächtigen.« Unter dem Eintrag »Hyänen des Schlachtfelds« heißt es: »Bezeichnung für das Gesindel, das sich nach einer Schlacht behufs Beraubung der Gefallenen und Verwundeten einzufinden pflegt.«

Wolfgang Fellner hat durch die 1992 gegründete Wochenillustrierte *News* den Magazinmarkt nachhaltig verändert. Für ihn posierten Politiker wie Haider und Grasser buchstäblich halbnackt. Und er zog sie noch weiter aus. Bei ihm gestand Bundespräsident Thomas Klestil seine Affäre, sein Blatt lauerte Viktor Klima mit Paparazzi auf, und *News* brachte Fotos von Karl-Heinz Grasser, als dieser auf Fionas Terrasse schmuste. Die Grenzen zwischen Werbung und Redaktion, zwischen öffentlich und privat wurden eingerissen. Und zwar meist zum Gewinn beider Seiten.

Nun geht Fellner daran, mit seinen tonnenweise auf der Straße verschenkten *Österreich*-Heften auch den Boulevardjournalismus der Tageszeitungen nach anglosächsischem oder zumindest nach dem Vorbild der deutschen *Bild* zu prägen. Nicht mehr die altbacken wirkende Kampagnen der *Kronenzeitung* gegen Politiker oder drogendealende Ausländer prägen diesen neuen Gossenjournalismus, sondern der gewerbsmäßige Einbruch in die Kernzone des Privatlebens, das Lächerlichmachen von Menschen, die man besser vor sich selbst schützt, die geheuchelte Anteilnahme, die doch nur Spott und mediale Hinrichtung ist. Das Abpressen von Interviews, die sodann als exklusiv verkauft werden.

Das wird Auswirkungen haben – und zwar auf alle Zeitungen. Das zeigt auch ein Blick in die Kanzleien führender Medienanwälte und in die gemäßigten Redaktionsstuben dieses Landes. »Der Chronikjournalismus verändert sich. Es gab stille Agreements, dass wir gewisse Dinge nicht tun«, sagt etwa Eva Gogala, die Chronikchefin des *Kurier*. Die heimische Presse hetzte eben nicht gegen jene Menschen, die Opfer einer besonders grausamen Straftat wurden. Man respektierte das Privatleben der einfachen Menschen, wenn die es wollten. Kinder und Opfer wurden schon gar nicht gegen ihren Willen angeblitzt. Tote Normalbürger, Kinder vor allem, zeigte man nicht – es sei denn, man wollte mit ihnen Missstände anprangern. Doch selbst dann galt: Balken vors Gesicht.

Ist das Vergangenheit, so wie der Presserat, der einst über den Ehrenkodex wachte, sich vor Jahren in Luft auflöste und erst kürzlich wiederbelebt wurde? Existiert nun auch in der Tagespresse »diese mörderische Getriebenheit«, wie die ORF-Chronikjournalistin Brigitte Handlos beklagt, eine seriöse Vertreterin ihrer Zunft? Ihre Kollegin Eva Gogala meint: »Es sind Dinge zu sehen, die früher nicht zu sehen waren. Die Ausreißer sind alltäglich geworden.« Nicht nur bei *Österreich,* sondern auch in anderen Tageszeitungen.

Das Medienattentat auf das serbische Dorf Jabukovac zeigt den Verfall. Ein psychisch erkrankter Gastarbeiter, der zufällig in Himberg bei Wien lebte, hatte dort neun Menschen, darunter auch Kinder, erschossen. Die Leiche eines Buben lag noch im Dreck, da blitzten Fotografen dem Toten und dessen Mutter in ihrer schlimmsten Not ins Gesicht, als sie verzweifelt den Kopf des Buben streichelte. Es wäre bis vor kurzem undenkbar gewesen, dass österreichische Zeitungen solche Bilder drucken. Und wenn, dann verpixelt. Fellner aber druckte die Bilder der Leichen. Und die *Krone* zeigte vor, dass sie es noch größer kann. Sie blähte das Bild des toten Kindes auf einer halben Seite auf. Ohne Balken vor den Augen. Fellner legte nach. Er druckte Fotos der Ermordeten, wie sie in offenen Särgen liegen – dahinter heulend die Angehörigen. Chronikchef Höllrigl erklärt: »Du musst die Wucht der Ereignisse bringen, die Erschütterung der Menschen.«

Man muss, um diesen schleichenden moralischen Niedergang der Branche verstehen zu können, vielleicht einen Blick in den Newsroom von *Österreich* werfen, in das Nervenzentrum der Zeitung. Wenn man von einer Galerie durch eine Glasscheibe hinabsieht auf diesen Raum, der an einen Börsensaal erinnert, sieht es fast so aus wie bei einer Weltzeitung. Hektische Journalisten, flimmernde Bildschirme, ein Monitor, der in bunten »Ildefonsos«, wie es hier heißt, den Redaktionsschluss für jedes Ressort per Countdown anzeigt. In der Mitte aber steht wie auf einer Bühne kein weltläufiger, ruhiger Herausgeber, sondern Wolfgang Fellner. Ein Chronikredakteur sagt: »Er ist die Spinne im Netz.« Rundum sitzen »Chefredakteure« und Ressortleiter, dahinter ein Heer von Journalisten – viele ehemalige *Krone* Reporter, aber auch blutjunge Anfänger, die in der Fellner-Journalistenschule ausgebildet wurden und nun oft ohne Kollektivvertrag und Kündigungsschutz für 2000 Euro im Monat arbeiten.

Einer dieser Reporter schildert in der *Österreich*-Kantine, wie eine Ausgabe der Fellner-Zeitung entsteht: »Der Alte (Fellner, Anm.) wünscht etwas, die Chefredakteure springen auf und erfüllen es. Sie greifen in die Geschichten ein – und niemand traut sich zu widersprechen.« Es gebe fast keinen Austausch zwischen recherchierenden Journalisten und jenen, die dann die Titelzeilen fabrizieren. O-Töne von Betroffenen würden »zur Unkenntlichkeit zugespitzt«. Recherchen gegen Banken und Supermärkte würden »nicht gerne gesehen, wegen der Inserate«. Wer, wie es Höllrigl einmal tat, Bedenken einlege, werde tags darauf mit »Scheißrecherchen zugeschüttet«. Ein Redakteur, der von der *Krone* kam, sei öffentlich als »Trottel« angeschrien worden. Erwachsene Journalisten würden »wie Kinder abgekanzelt«. Als sich etwa Arpad Hagyo, jener Journalist, der den Geiselnehmer interviewte, öffentlich für diesen Unsinn entschuldigen wollte, habe Fellner dies verboten, gleichzeitig aber dem Journalisten nicht den Rücken gestärkt. Dabei, so erzählen es Kollegen Hagyos, wusste der gar nicht, dass die Tonbandaufnahme mit dem Geiselnehmergestammel ins Internet gestellt wird. Es geschah, als Hagyo nicht im Büro war.

Auch als es um die Berichterstattung über Bawag-General Helmut Elsner ging, habe es klare Wünsche gegeben. Als ein *Österreich*-Journalist Indizien fand, dass Elsner operiert werden sollte, hieß es: »Das will keiner lesen.« Elsner sei doch ein »Oasch«, so ein Ressortleiter, er habe Milde nicht verdient. Ein anderer Journalist erzählt: »So haben wir dann geschrieben, dass er pumperlgesund ist.« Das Blatt kaufte für die Storys auch Fotos von Reportern, die sich ins Krankenzimmer Elsners schlichen. Wie eine Leiche verhüllt musste er aus dem Spital geschoben werden; und es setzte Journalisten ein, die mit dem Hubschrauber über Elsners Garten flogen.

Zumindest behauptet das Elsners Anwalt Wolfgang Schubert. Er sagt: »Herr Elsner lag im Bett und hat vor dem Fenster die Rotorblätter gesehen. So etwas gab es bei uns noch nie.« Wolfgang Fellner war – ebenso wie Arpad Hagyo – trotz mehrfacher Anrufe zu keiner Stellungnahme bereit.

Die Heiligenstädter Straße führt vom Gürtel Richtung Döblinger Cottage. Auf Nummer 52, dort, wo die Stadt noch räudig ist, befindet sich die noble Privatklinik. Gegenüber liegt die Redaktion von *Heute*. Es ist ein einfaches, fast unauffälliges Bürohaus, in dem auch der Zettelverteiler Feibra untergebracht ist. Hier residiert Eva Dichand, die junge Herausgeberin von *Heute*. Sie hat keinen Newsroom und auch keinen Hölli. Sie ist die Schwiegertochter des 2010 gestorbenen *Krone*-Chefs Hans Dichand. Im kurzen Sommerkleid empfängt sie den Besucher in ihrem Büro. Sie wirkt freundlich, aufgeschlossen. Eine Million Leser erreicht sie mit ihrem Blatt, *Heute* ist die zweitgrößte Tageszeitung, vollgepackt mit Societykram. Der Erfolg des Gratisblatts besteht nicht zuletzt darin, dass es die Stadtverwaltung in allen Wiener U-Bahnstationen herumliegen lässt. Das Branchenmagazin *Der Österreichische Journalist* kürte Frau Dichand im Jahr 2005 sogar zur »Medienmanagerin des Jahres«. Sie sei »am meisten unterschätzt«. Dichand hat sich Reporter von *Krone* und *Kurier* geholt. Sie sagt: »Wir wollen keine Negativgeschichten, sondern nur positive Storys für unsere jungen Leser bringen. Schöne Menschen in schönen Kleidern!«

Vielleicht will Eva Dichand ja harmlos klingen, wenn sie so spricht. Doch das ist sie nicht. Kürzlich ersteigerte sie »um ein paar Tausend Euro« ein Foto des »Szene-Fotografen« Andreas Tischler. Der fotografiert Wiens Partyszene und stellt tags darauf die Fotos zum Kauf ins Netz. Meist lächeln Adabeis in die Kamera. In der Babenberger-Passage erwischte Tischler ein Mädchen, das nicht in die Kamera lächelte, sondern den Kopf innig an die Brust eines Burschen legte, dem das »Unterhoserl« rausrutschte, wie *Heute* schrieb. Es war Natascha Kampusch, die in ein normales Leben zurückfinden will – und dabei, wie sie erklärte, in Ruhe gelassen werden möchte. »Mädchen, wir freuen uns mit dir!«, schrieb *Heute*.

Frau Dichand sagt nun, sie habe das Recht, diesen intimen Augenblick des Mädchens einer Million Leser vorzuführen. Schließlich habe Kampusch Interviews an andere Medien »aggressiv vermarktet« und davon »finanziell profitiert«. Sie sei deshalb »eine Person des öffentlichen Lebens«. Dichand: »Wir haben sie ja nicht beim Nacktbaden fotografiert und auch nicht bei der Therapie.« Frau Kampusch habe »öffentlich geschmust«.

Drohungen, Übergriffe, Heuchelei. Der Ehrenkodex der Presse ist längst totes Recht, und der Staat ist nicht gewillt, die Privatsphäre seiner Bürger zu schützen. Denn der Einbruch in die intimsten Zonen eines Menschen rechnet sich für die Fellners, Höllis und Dichands. Ein paar Zehntausend Euro wird *Heute* wohl als Entschädigung an Kampusch bezahlt haben. Ihr Anwalt Gerald Ganzger sagt: »Das ist ein beispielloser Fall.« Aber in Geld sei der Rechtsbruch kaum aufzuwiegen. Kampusch werde so schnell nicht wieder unbeschwert in der Disco tanzen. Das ist der Schaden. Und dass sich die Leser daran gewöhnen.

Dann ist da noch die permanente Überschreitung der Grenzen zwischen privat und öffentlich – begangen nicht nur durch die Medien, sondern auch durch die Betroffenen, wie den Grassers, Karlichs und Lugners. Der eine posiert mit nackten Nippeln unterm Smoking, die andere erzählt über die ausgebliebene Periode, der Dritte bespricht seine Scheidung im Do & Co neben den Fotografen. Das gewöhnliche Volk tut es ihnen nach – und wird dabei nicht mehr vor sich selbst geschützt. Hans Rauscher schrieb im *Standard*: »Wir leben ja in einer Gesellschaft, wo normale Menschen in Jogginganzügen in Fernsehstudios über das Intimpiercing der Großmutter reden.«

Das klingt witzig, aber es verweist auf ein eminentes Problem: das Recht der Großmutter, dass ihr »Intimpiercing« intim bleibt. Denn es gibt solche Fälle in der Realität immer öfter: Menschen, deren Intimleben ungefragt in die Öffentlichkeit gezerrt wird. Wenn etwa der stadtbekannte Wiener Medienanwalt unterm Obstbaum sitzend in *Österreich* seinen Rosenkrieg schildert und dabei von seinen bettnässenden Kindern erzählt, dann werden plötzlich auch die elementarsten Rechte Dritter berührt: nämlich die seiner Frau und die seiner Kinder.

Eine ähnliche Dynamik ist nun wieder im Fall Kampusch zu sehen. Mutter Brigitta Sirny-Kampusch schrieb ein Buch über ihre Jahre ohne Natascha. Darin erörtert sie auch den »höchstpersönlichen Lebensbereich« von Natascha Kampusch. Auszüge des Buches füllen nun die Titelseiten von *Österreich*, *Krone* und *Bild*. Angehörige des Opfers und des Boulevards bedienen einander gegenseitig – auf Kosten des Opfers.

Dieser instrumentalisierte Chronikjournalismus treibt auch die Medienanwältin Maria Windhager in die Verzweiflung. Sie steht normalerweise auf Seiten der Medien. Aber immer wieder vertritt sie auch Kinder, die an den Medienpranger gestellt werden. Etwa Christian W., ein Bub aus Salzburg, der vor ein paar Jahren von Gerichtsvollziehern vor laufenden Kameras abgeholt und zu seiner Mutter gebracht wurde. Der damals Achtjährige, der mit schmerzerfülltem Gesicht abgebildet wurde, hat die höchste Entschädigung erkämpft, die je von Medien bezahlt werden musste: 72 000 Euro vom ORF, 130 000 von der *Krone*. Der Fall zeigt das Dilemma eines Boulevardjournalismus, der sich von vermeintlichen Opfern antreiben lässt. Es war ja Christians Vater gewesen, der die Medien alarmierte, weil er das Kind nicht hergeben wollte. Die Medien dachten, sie würden auf der richtigen Seite stehen.

Braucht es also ein härteres Mediengesetz? Ja, sagte die damalige Justizministerin, zumindest wenn Prozessakten mit höchstpersönlichen Inhalten nach außen gespielt werden. Schon droht ja auch der Chefredakteur von *Heute*, Richard Schmitt, den Kampusch-Anwälten, dass er im Besitz des Kampusch-Polizeiaktes ist – und diesen vielleicht auch veröffentlicht. Die Einschüchterung wirkt.

Das Justizministerium will nun die Veröffentlichung von Gerichtsakten unter gerichtliche Strafe stellen, wenn dadurch die höchstpersönlichen Rechte von Prozessbeteiligten verletzt werden und kein öffentliches Interesse an der Veröffentlichung der Akten besteht. Nicht mehr das Opfer sollte dann tätig werden, sondern der Staatsanwalt. Doch Strafen alleine werden nicht abschrecken, weil sie aus der Portokassa bezahlt werden können. Schon fordern die Medienanwälte Michael Rami (er vertritt neben Frau B. auch die Familie Grasser sowie die Zeitungen *Heute* und die *Krone*) und Alfred Noll (*Falter*), dass nicht mehr einzusehen sei, dass der medienrechtliche Schadenersatz bei medialen Hinrichtungen mit etwa 20 000 Euro gedeckelt sei. Anwalt Noll meint, man müsse den Medien den Gewinn abjagen, den diese mit Ehrverletzungen einstreifen.

Deutsche Anwälte tun das bereits. So klagte der deutsche TV-Moderator Günther Jauch, wenn auch erfolglos, in einem Musterprozess erstmals den Marktwert eines Fotos ein, das bei seiner Hochzeit von Paparazzi der *Bunten* heimlich aufgenommen wurde. Streitwert: 300 000 Euro – das schmerzt schon. Und in Irland schickte der Justizminister 2007 eines der schärfsten Mediengesetze auf den Weg. Millionenentschädigungen soll es für Eingriffe ins Privatleben geben. Irland folgt damit einem spektakulären Urteil des Europäischen Gerichtshofs für Menschenrechte in Straßburg. Das Caroline-Urteil besagt, dass auch Promis wie Caroline von Monaco Anspruch auf Privatleben im öffentlichen Raum haben.

Auswege? Medienanwältin Maria Windhager sagt, dass nicht nur die Ausbildung der Journalisten verbessert werden müsse, sondern auch die Selbstkontrolle. Man müsse ethische Grundsätze wieder in der Branche etablieren. Wolfgang Höllrigl, Fellners Chronikchef, würden solche »Ethikprofessoren« wohl auch auf neue Gedanken bringen. »Ein Headhunter«, erzählt Höllrigl, »hat mich einmal gefragt, was ich tun würde, wenn der Papst vor mir zusammenbricht und ich eine Kamera dabei habe.« Hölli lacht: »Was, glaubst du, hab ich gesagt?«

Der kleine Sterzgraf – *Die Welt eines unheimlichen Kärntner Bürgermeisters*

Der Schnee liegt noch einen halben Meter hoch auf den Hängen des Mölltals. Wie mit Zuckerguss glasiert wirken die von der Witterung geschwärzten Höfe. Vor dem Schlosswirt beäugt eine ausgestopfte Gams die Gäste: Willkommen im Touristenidyll Großkirchheim. 1600 Einwohner, acht Gasthöfe, 45 000 jährliche Nächtigungen verzeichnet Peter Suntinger hier am Fuße des Großglockners. »Unsere Besucher«, sagt der Kärntner Bergbauer, »finden bei uns die Wildnis, die Ruhe, die Berge.« Nur eines finden sie hier nicht: Türken. Suntinger, ein kerniger, misstrauischer Mann von 43 Jahren, gelernter Holzschnitzer, sitzt auf seiner Eckbank, Eiche rustikal. Wären auf dem Tisch nicht Aktenordner geschlichtet, man könnte fast glauben, er säße am Dorfstammtisch. Doch hier ist das Gemeindeamt von Großkirchheim, und Peter Suntinger ist der Bürgermeister. Er erklärt jetzt seine »Bodenpolitik«.

Suntinger sagt: »Türken bekommen von uns keine Wohnung. Muslimische Kinder dürfen hier nicht zur Schule. Wenn Türken hier Grund kaufen wollen, dann kaufen wir den vorher weg.«

Man müsste solche Sprüche nicht weiter ernst nehmen, hier im hintersten Kärntner Tal. Wäre da nicht dieses aufsehenerregende Wahlergebnis von Suntingers Partei, das weit über die Grenzen hinaus für Unverständnis sorgt. 45 Prozent gewann das einst von Jörg Haider aus der FPÖ gelöste »Bündnis Zukunft Österreich« (BZÖ) bei der Kärntner

Landtagswahl. Das war mehr, als Haider je erreichte. 45 Prozent, das ist nichts gegen Suntingers Erfolg bei der Bürgermeisterwahl: Fast drei Viertel der Dorfbewohner kreuzten seinen Namen an. »Die Leute hier«, glaubt er, »haben meine Bodenpolitik bestätigt.«

Großkirchheim, dieses Dorf ehemaliger Goldgräber und Bergknappen, ist die Hochburg der Rechtsnationalisten. Als Landtagsabgeordneter zieht Suntinger jetzt ins Landesparlament im 150 Kilometer entfernten Klagenfurt ein. Weil Haider-Erben wie Suntinger siegten, schrieben die Zeitungen vom Rechtsextremismus, der sich hier in Kärnten ausbreite. Europas »demokratiepolitischer Schandfleck« sei dieses Bundesland, in dem voriges Jahr 800 000 Deutsche Urlaub machten. Verkommt dieses Urlaubsland, mit seiner halben Million Einwohner so klein wie Düsseldorf, gar zum alpinen No-go-Idyll?

Man könnte, um diese Frage zu beantworten, eine Wanderung auf die Saualm unternehmen. Zu sehen gibt es dort keine kahlköpfigen Neonazis, sondern Kärntner Realpolitik. Hoch oben, wo die Luft nach Nadelholz riecht, befindet sich am Ende eines schmalen Güterweges das »Sonderlager für kranke und kriminelle Flüchtlinge«.

Jörg Haider hat die Unterkunft kurz vor seinem Tod erfunden. Tatverdächtige nicht Verurteilte sollten dort »konzentriert« werden, wie es Stefan Petzner, Haiders »Lebensmensch«, ausdrückte. Das »gesunde Volksempfinden«, erklärte der heutige Kärntner Landeshauptmann Gerhard Dörfler, wünsche das.

Ganz Kärnten, so die offizielle Wahlkampfparole des BZÖ, solle »tschetschenenfrei« werden. Tschetschenen, sagt Bürgermeister Suntinger, »können nur durch Sippenhaftung zur Rechtschaffenheit erzogen werden.«

Solche von Jörg Haider geprägten Sprüche sind ein wichtiger Grund für die BZÖ-Erfolge. Aber nicht nur Xenophobie und der Kult um ihn haben die Partei so beliebt gemacht. Fragt man Peter Suntinger nach dem Wahlerfolg, dann sagt er: »Von mir wird Volksnähe, Bescheidenheit und Härte vorgelebt.« Dann zückt er seinen Autoschlüssel und sagt: »Fahren wir eine Runde durchs Dorf.«

Suntinger startet seinen silbernen BMW X5. Er hat den Wagen zwar erst vergangenes Frühjahr gekauft, doch der Tacho zeigt schon mehr als 70 000 Kilometer. Auch das symbolisiert sein Verständnis von Politik: »Ein Politiker muss bei den Menschen sein«, sagt er.

In rollenden Regierungsbüros, staatlich finanzierten Autobussen, fahren Politiker des BZÖ hier bis ins letzte Tal, um Almosen zu reichen. Sie verteilen Bildungsschecks, Heizölschecks, Schulgeldschecks, Benzinschecks – auf jedem ist das Bild irgendeines BZÖ-Landesrats gedruckt. Aber nicht nur im Wahlkampf, sondern 365 Tage im Jahr rollen die Busse. Im Winter verkauft die BZÖ-Regierung sogar billiges Brennholz an Kärntner Mindestrentner, denn, so werben sie, »es wärmt die sozial Schwachen«. An manchen Tagen kann man Hunderte Menschen vor dem Kärntner Landhaus stehen sehen. Sie kommen, um sich Geld abzuholen, das im Rahmen irgendeiner Sozialaktion nach Feudalherrenart überreicht wird.

Suntinger lenkt den Wagen die Serpentinen hinauf. Da ist die Dorfkirche aus dem Jahr 1538, die er jeden Sonntag besucht. Da ist das Marterl, dessen heiligen Hubertus er selbst geschnitzt hat. »Und da drüben«, sagt Suntinger, »ist unser Friedhof.« Die Toten werden mit Pferdekutschen gebracht.

Suntinger war, wie viele BZÖ-Bauernfunktionäre, ursprünglich Mitglied der christlichsozialen ÖVP. Er ist das

Kind armer Bergbauern. Die Mutter hatte ihn schon mit sechs Jahren allein auf die Alm geschickt, einen Wecker im Rucksack, damit er morgens nicht die Schule verschlief. Aufstehen, von der Alm runter ins Dorf, waschen, Schulgewand anziehen, in die Schule gehen, wieder heimlaufen, Ranzen runter, Hausaufgaben, Stallgewand anziehen, arbeiten. Zu essen gab es »Mungn«, einen Brei aus gerösteter Gerste und Weizen. »Alle aßen aus einer Schüssel«, sagt Suntinger.

Die christlichsozialen Dorfkaiser von Großkirchheim brachten dem jungen Bauern dennoch wenig Respekt entgegen. Er war ihnen zu rabiat, zu radikal, zu hart. »Haltet mir den fern«, flüsterte der alte Bürgermeister, als sich Suntinger einmal vorstellen wollte. Der radikale Suntinger, so heißt es hier, habe bei ihm böse Erinnerungen an die letzten Tage des Krieges geweckt. Und so kam Suntinger eben auf den Haider, der in den Neunzigern durch die Wirtshäuser zog, alte SS-Kameraden »anständig« nannte und ihren Söhnen versicherte, dass es doch ihre Väter waren, die im Zweiten Weltkrieg für die Freiheit des Landes kämpften, als sie gegen die kommunistischen Partisanen antraten. Die Partisanen – das ist hier das Synonym für die Kärntner Slowenen. Solche Worte kamen gut an in einer Gesellschaft, die sich heute noch am Stammtisch die hässlichsten Kriegsgräuel erzählt. Schon in den Siebzigern hatten die damals sozialdemokratisch regierten Kärntner zweisprachige Ortstafeln ausgerissen und den Slowenen ihre Sprache in Schule und Kirche untersagt. Haiders Vorgänger, der rote Landesfürst Leopold Wagner, prahlte, er sei »stolz, ein Hitlerjunge gewesen zu sein«.

Haider und Suntinger wurden Freunde, gemeinsam bestiegen sie den Großglockner. Am 15. Februar 1992 war das. Suntinger erinnert sich genau: Dem Jörgl borgte er seine

Wollfäustlinge, als oben plötzlich ein Unwetter aufzog, »denn er hatte nur Handschuhe aus der Stadt, die bei der Kälte nichts taugen«. So bezwangen sie gemeinsam den Gipfel. Er, der verkannte Dorfrebell, und der weltweit gefürchtete Doktor Haider.

So rekrutierte Haider im ganzen Land seine Leute – vom glitzernden Wörthersee bis ins karge Mölltal. Haider, der den rot-schwarzen Proporz abschaffen wollte, versprach seinen Getreuen Posten, Privilegien und Macht in seiner »Dritten Republik«. Karl-Heinz Grasser, der Sohn eines Autohändlers, wurde Jet-Set-Finanzminister. Haiders ehemaliger Tennislehrer ist heute Klagenfurter Bürgermeister. Sein Lebensmensch Stefan Petzner ist nun Nationalratsabgeordneter. »Kärnten« sagt Suntinger, »wurde unter Haider zu einer großen Familie. Er war unser gütiger Vater.« Man verzieh ihm alles.

Vielleicht erklärt das auch, wieso dieses Land dem Führerkult verfiel, als sich Haider nach dem Besuch einer Schwulenbar im Wodkarausch bei Tempo 180 im Ortsgebiet von Lambichl überschlug. Nicht nur in Großkirchheim flackerten damals rote Grablichter, ganz Klagenfurt war von Tausenden Lichtern übersät. In den Schulen hatten Schüler in Gedenkminuten still zu halten, Fußballer sollten in schwarzen Dressen spielen. Nach seinem Tod wollte die Regierung sogar das Wrack mit Steuergeld kaufen.

Als Haider begraben wurde, war auch Peter Suntinger mit seinem BMW um fünf Uhr früh aufgebrochen, um sich persönlich vor dem rosengeschmückten Sarg zu verneigen. Eine beinahe militärisch organisierte, uniformierte Gesellschaft war auf dem Stadtplatz versammelt. Da stand der Block der schwarzen Bergknappen neben dem Block der Frauen mit Goldhauben, der Block der Burschenschafter neben den Kameradschaftsvereinen, Gendarmen, Sanitätern und Rauchfangkehrern.

Suntinger trauerte im »Block der Bürgermeister«, er tröstete Frauen, die weinten, als wäre ihr eigener Vater gestorben. Vorne trugen Kirchenleute ihr Holzkreuz, und die Soldaten trommelten.

Gibt es eine kritische Öffentlichkeit in diesem Land? Ein paar wichtige Stimmen: etwa der Kärntner Verleger Lojze Wieser, der Hunderte Bücher von slowenischen Autoren herausgebracht hat und 1994 fast von einer Briefbombe zerfetzt worden wäre. Resignierend beklagt der Mann, in Österreich »einfach überhört« zu werden. Dann gibt es den Anwalt Rudi Vouk, der sich immer wieder beim Schnellfahren in Dörfern erwischen lässt. Nur so kann der Kärntner Slowene vor dem Verfassungsgericht beklagen, dass die Ortstafeln (die formell die Geschwindigkeit auf fünfzig Kilometer pro Stunde beschränken) rechtswidrig, weil nur einsprachig sind.

»Zecken«, nennt Suntinger all jene, »die das Land solcherart schädigen.« Kärnten müsse sie »abschütteln«. Die zwei bekannten Wiener Kabarettisten Dirk Stermann und Christoph Grissemann wissen, was dieses »Abschütteln« bedeutet. Sie hatten es nicht nur gewagt, im ORF Späße über den Führerkult beim Haiderbegräbnis zu treiben. Sie trugen dabei auch noch Kärntneranzüge. Kurz darauf trafen die ersten anonymen Morddrohungen ein. Und der Manager der Komödianten hörte in jenen Tagen auf der Autobahn ein dumpfes Klackern im Radkasten. Alle vier Radmuttern eines Reifens, so beteuerte er vor der Polizei, seien gelockert worden. Ein Mordanschlag? »Aber was!« beschwichtigte Haiders Nachfolger, der Kärntner Landeshauptmann Gerhard Dörfler, »der Manager hat wohl die Winterreifen schlecht gewechselt.« Hatte er nicht. Die Landesregierung forderte in einer offiziellen Resolution dann ein »Auftrittsverbot« für die Komödianten. »Der Spaß«, sagte Dörfler, »muss seine Grenzen haben.«

Die setzt die Kärntner Regierung gerne selbst. Da gibt es diese Fotos, die Dörfler im Fasching an den Brüsten von zwei Männern zeigen, die sich als »Negermamas« verkleidet hatten. Über die »kakaobraune Milch« stillender Afrikanerinnen hatte sich der höchste Repräsentant Kärntens öffentlich lustig gemacht. Rassismusvorwürfe konterte er vor der Presse, indem er an den Brüsten der Faschingsnarren zuzelte. Konsequenzen hatte der Auftritt keine. Nichts hier hat Konsequenzen: weder die Saualm, weder der Hass gegen Muslime noch die »Negerwitze«, noch die Milliarden, die die Kärntner Hausbank Hypo versenkte.

Suntinger fährt die Serpentinen runter ins Dorf. Er genießt es, den Besuch durch seine Welt zu führen. Er zeigt Kläranlagen, Sportplätze, Sozialwohnungen und Schulgebäude, die unter seiner Ägide »für uns Kärntner« erbaut wurden. Er ist stolz. Und stolz blickt er wie von einem Hochstand herunter. »Sie sind kommunistischer Jude, oder?«, fragt Suntinger, als hätte er den Gast nun im Visier. »Schreiben Sie ja nicht, dass wir ein Nazidorf sind.«

Nein, es sind keine Neonazis, die hier regieren. Es ist ein rabiater Bauernsozialismus mit nationalem Antlitz, der den Rechtsstaat verlacht – zum Schaden jener, die nicht mitlachen können.

Suntinger ist wieder im Dorf. Beim Gemeindeamt blockiert ein falsch geparkter Wagen den Weg. »Der darf das« sagt Suntinger, »das ist sein Heimatboden.« Dann stellt er den Motor ab, reicht die Hand zum Abschied: »Hier gilt unser Recht. Und sonst nichts.«

Der »Halte-Klappe-Mensch« – *Erna Wallisch, die Kinder in Gaskammern trieb*

Die Tür, an der »Wallisch Erna« steht, bleibt verschlossen. Die Wohnung dahinter ist dunkel. Seit Tagen hebt in der Schiffmühlenstraße in Wien-Kaisermühlen niemand das Telefon ab. Nur einmal öffnete sich diese Tür in den vergangenen Monaten für wenige Sekunden. Davor stand ein britischer Journalist mit einer Kamera.

Auf seinem Foto ist eine Frau im Bademantel mit zerzaustem Haar zu sehen. Das Bild ging um die Welt. Die britische *Daily Mail* betitelte es mit »Evil Erna«. Nachbarn schlagen seither verärgert die Türen zu, wenn Fremde klingeln. Sie wollen, dass es endlich ein Ende hat, und sprechen von Quälerei.

Von Qualen weiß auch Jadwiga L. zu berichten. Die Überlebende des KZ Majdanek erzählte am 13. April 2007 vor polnischen Behörden von einer schwangeren Frau, die einen Mann mit einem Brett zu Tode geprügelt habe. Diese Aussage kann der Auslöser sein für den letzten NS-Prozess in der österreichischen Geschichte. Denn Erna Wallisch war schwanger, als sie ihren Dienst in den Vernichtungsmaschinen des Dritten Reichs versah.

Der Fall Wallisch handelt von der Verstrickung einer heute 87jährigen Putzfrau in die »Endlösung« und von der Rolle, die einfache Frauen darin gespielt haben. Es geht aber auch um das Versagen der österreichischen Nachkriegsjustiz, deren Taten zu ahnden.

Erna Wallisch wurde seit 1945 dreimal zu ihrer Vergangenheit einvernommen. Sie verstrickte sich in Widersprüche, wie die Einvernahmeprotokolle zeigen. Ihre Aussagen sind der Öffentlichkeit bis heute kaum bekannt. Einer Mitschuld am Holocaust war sie sich jedoch nie bewusst. »Wir konnten doch gar nichts anderes machen«, sagte sie 1972, bei ihrer bisher letzten Vernehmung. Die Justiz ließ sie laufen, weil sie nur eine »untergeordnete Rolle« bei der Vergasung von Juden im KZ Majdanek gespielt haben soll und ihre Taten somit verjährt gewesen seien. Nun lastet ihr eine Zeugin an, selbst gemordet zu haben. Deshalb eröffnet die Justiz nun ein Strafverfahren.

Erna Wallisch wurde am 10. Februar 1922 als Erna Pfannstiel in Benshausen, Thüringen, geboren. Vater Ernst war Postbeamter, Mutter Wilhelmine Hausfrau.

Erna ist das fünfte Kind einer Familie, die in einfachen Verhältnissen lebte. In der Zwischenkriegszeit herrschte auch in dieser Region Armut. Es war die Zeit der Weimarer Republik, die Zeit, in der die Demokratie scheiterte. Nach der Volksschule und dem Pflichtjahr besuchte Wallisch eine zweijährige Hauswirtschaftsschule, absolvierte ein freiwilliges Jahr im Reichsarbeitsdienst, arbeitete als Haushaltshilfe.

1939 marschierte die Wehrmacht in Polen ein, Adolf Hitler startete den Vernichtungsfeldzug im Osten. Das Leben der damals Siebzehnjährigen verlief vor diesem Hintergrund wie jenes hunderttausend anderer deutscher Mädchen auch. Bis sie sich im Frühjahr 1941 zum KZ-Dienst meldete. Erna Wallisch war neunzehn Jahre alt, als sie sich um eine Stelle als Aufseherin im Frauenkonzentrationslager Ravensbrück bewarb. Die SS suchte in jener Zeit Frauen wie Wallisch: ledig, kinderlos und »ohne spezielle berufliche Kenntnisse«.

Wallisch werde weibliche Gefangene bewachen, die »irgendwelche Verstöße gegen die Volksgemeinschaft« begangen hätten, hieß es in einem Schreiben der SS. Sie unterschrieb eine »Erklärung über den Umgang mit Häftlingen«, wonach »eigenmächtige Bestrafungen und tätliche Übergriffe auf Häftlinge« verboten seien.

Über »Leben und Tod eines Staatsfeindes«, so lernten die viertausend Aufseherinnen, »entscheidet der Führer«. Vom industriellen Judenmord, sagt der Wiener Historiker Winfried Garscha vom Dokumentationsarchiv des österreichischen Widerstandes (DÖW) heute, hatten die Frauen zu diesem Zeitpunkt noch nichts gewusst. Er war zu jener Zeit jedoch schon im Geheimen vorbereitet worden.

Erna Wallisch lernte in Ravensbrück erstmals den Alltag im KZ kennen, er war völlig anders, als es in den offiziellen Schreiben der SS geschrieben stand. Sie legte nie über ihre Zeit in Ravensbrück Zeugnis ab. Österreichs Behörden fragten sie auch nie danach. Germaine Tillion, die als Gefangene in Ravensbrück war, schreibt über die ersten Erfahrungen von Wärterinnen in KZs: »Die Neurekrutinnen wirkten bei ihrem ersten Kontakt mit dem Lager entsetzt.« Sie seien einfach, eher ärmlich gekleidet gewesen und hätten am Lagerplatz »mit erschreckten Augen auf vorbeimarschierende Häftlinge geblickt«, erinnert sich eine andere Insassin. Es brauchte einige Zeit, bis die jungen Frauen die »zügellose Grausamkeit« der dienstälteren Aufseherinnen erreichten – vier, vielleicht fünf Tage.

Simon Wiesenthal erklärte später, dass diese Leute »an der Wäschekammer auch ihr Gewissen abgegeben haben«. Die jungen Frauen tauschten ihre Damenschuhe gegen kniehohe Lederstiefel mit Stahlkappen, die sonst Männern als Symbol ihrer Machtstellung vorbehalten waren. Für 68 Wochenstunden erhielten sie 105 Reichsmark netto, das entspricht heute etwa tausend Euro. In wenigen Tagen wurden Befehlsempfängerinnen zu Befehlshaberinnen, unbedeutende Bedienerinnen zur »Frau Aufseherin«. Aufgrund ihrer schwarzen Mäntel nannten Gefangene die SS-Frauen »schwarze Krähen«. Die Wärterinnen prügelten tagsüber auf gebrechliche Gefangene ein und zogen sich nach Feierabend in Räume zurück, die im »Landhausstil« eingerichtet und mit Kochnischen und Waschbecken ausgestattet waren. Vor Erna Wallischs Loggia erstreckte sich der Schwedtsee.

Im Oktober 1942, nach mehr als einem Jahr Dienst in Ravensbrück, änderte sich das Leben der Erna Wallisch radikal. Gemeinsam mit neun anderen Wärterinnen wird sie nach Polen ins Lubliner Lager Majdanek versetzt, es ist kein Arbeits-, sondern ein Vernichtungslager. Den Alltag in jenem KZ hat die Historikerin Elissa Mailänder-Koslov umfassend erforscht. Sie spricht von einem »Umschlagplatz« des Völkermords.

Die Gegend um Lublin, in der Wallisch nun lebte, spielte bei der »Endlösung« bald eine zentrale Rolle. Zunächst war geplant, hier im »Generalgouvernement« an der sowjetischen Grenze ein »Judenreservat« zu errichten. Plante die SS, die dort lebenden Juden zuerst noch in weißrussische Sümpfe oder nach Madagaskar zu deportieren, so wurde bereits 1941 über ihre »Ausrottung« nachgedacht. Im Sommer 1941 wurde SS-Brigadierführer Odilo Globocnik zum »Beauftragten« für den »neuen Ostraum« ernannt, und noch am Tag seiner Bestellung befahl er im Rahmen der geheimen »Aktion Reinhardt« die Errichtung eines Konzentrationslagers für 250 000 Insassen in Majdanek. Das Lager umfasste 25 Hektar, es waren dort 1100 SS-Leute beschäftigt. Ursprünglich sollten dort vor allem sowjetische Kriegsgefangene interniert werden. Doch schon bald wurde vor allem die jüdische Zivilbevölkerung Europas hierher gebracht. Zehntausende starben im ersten Winter, sie erfroren, verhungerten oder erlagen Seuchen. Die SS erschoss die Juden massenhaft in Wäldern, erhängte sie oder prügelte sie an Ort und Stelle tot.

Hitler änderte seine »Judenpolitik«: Am 20. Jänner 1942 beschloss seine Führungselite am Berliner Wannsee die »Endlösung«, die industrielle und systematische Ermordung von Millionen Menschen in ganz Europa. Im März 1942 räumte Globocnik die Ghettos in Lublin. Am Tag danach fanden die ersten Vergasungen im polnischen Vernichtungslager Belzec statt. 18 000 Juden wurden in den Tod getrieben. In Auschwitz-Birkenau wurden Bauernhäuser zu Gaskammern umgebaut. In Majdanek erstickten die ersten Juden im Oktober 1942 im Gas.

In jenem Monat trat Erna Wallisch ihren Dienst in Majdanek an. Wallisch wohnte zunächst in einer Dienstvilla, wie sie später selbst erzählen wird. Zum ersten Mal sehen Wärterinnen wie sie die Krematorien, die Haufen nackter Leichen und SS-Wärter, die sich daneben betrinken.

Die von der Historikerin Mailänder-Koslov gesammelten Berichte jener, die das Lager überlebt haben, legen Zeugnis ab über den alltäglichen Horror und über jene Männer und Frauen, die ihn nach Majdanek gebracht haben: Aufseherinnen schlugen und traten so lange mit Peitschen und Stiefeln auf Gefangene ein, bis sie »nur noch in Fetzen« am Boden lagen. Sie hetzten Hunde auf schwangere Frauen und sahen zu, wie sie ihnen die Babys aus den Bäuchen rissen. SS-Leute trugen Neugeborene eigenhändig zu den Verbrennungsöfen. Insassen wurden in Jauche ertränkt, in den Stromzaun gejagt, mit Eisenstangen erschlagen oder vor den Augen ihrer Familien erhängt. Die SS verbrannte Frauen bei lebendigem Leib. Wer nicht durch Prügel umkam, wurde vergast. Durch ein Fenster schauten SS-Leute ihren Opfern beim qualvollen Sterben zu. Ein Wärter wird später berichten, dass er bei einer der zwei »Kindervergasungen« die Kleinen in der Gaskammer beobachtete. Sie beteten auf Knien.

Erna Wallisch sprach erst zwanzig Jahre später über diese Zeit. Das erste Mal im Jahr 1965, als die Grazer Justiz gegen sie, ihren Mann und weitere Wärter von Majdanek ermittelte. Den österreichischen Behörden erzählte sie, dass sie von Prügeleien und Gaskammern nichts mitbekommen hätte. Das Verfahren gegen die Wallischs wird eingestellt. 1972 wird sie in Wien erneut einvernommen, diesmal als Zeugin für einen Prozess in Deutschland. Ein deutscher Staatsanwalt reist nach Österreich und befragt sie gemeinsam mit einem Wiener Strafrichter. Jetzt erzählt sie auch von »Selektionen« und von Aufseherinnen, die »mit der Hand oder mit einem Stock in der Hand« über Leben und Tod entschieden. »Es hat geheißen, sie würden zum Bad gebracht. Für mich war klar, dass diese Frauen vom Bad nicht mehr zurückkommen würden, weil sie in die Gaskammer geführt werden.«

Wallisch beschrieb geschlossene Räume ohne Fenster und Türen aus Eisen. »Ich musste vor der Gaskammer Häftlingsfrauen bewachen, die sich auszogen und duschten. Am Ende des Duschraums war eine solche Stahltür, und dahinter lag meines Wissens die Gaskammer. Dort wurden die Frauen nach dem Duschen hineingeführt. Das habe ich selbst gesehen.« Wallisch musste »für Ordnung sorgen«, als sich die Frauen und Kinder auszogen. Es sei »vorgekommen, dass die Frauen schrieen. Sie hatten offenbar Angst. Wir mussten sie dann beruhigen. Wir haben ihnen dann gut zugeredet und durch Handbewegungen für Ruhe gesorgt. Es waren alte und junge Frauen und auch Kinder, die ich gesehen habe, als sie in die Gaskammer geführt wurden.« Aufseher zwangen Gefangene anschließend, die Leichen zu verbrennen. Die Asche wurde zu Mehl verarbeitet, und als Dünger auf den Lageräckern verstreut. Die Kohlköpfe, die auf diesen Feldern wuchsen, bekamen die Insassen später zu essen. Es habe durch die Verbrennungen so gestunken, wird später ein Zeuge zu Protokoll geben, dass die Aufseherinnen mit einem Taschentuch vor der Nase durchs Lager gingen. »Die Vernichtung«, so die Historikerin Mailänder-Koslov, »war allgegenwärtig: Sie war sichtbar, hörbar, riechbar.« Unter den Aufseherinnen, die in den Tötungsprozess »involviert« gewesen seien, habe »stillschweigendes Tolerieren« geherrscht.

Erna Wallisch trug unter Gefangenen den Spitznamen »Halte Klappe, Mensch«, weil sie so lautstark auftrat. Unter der Wachmannschaft galt sie laut Mailänder-Koslov als »Aufsässige«. In Meldungen wird ihr »äußerst frecher Ton« gegenüber Oberen gerügt. Einmal sagte sie einem Vorgesetzten, er möge sie »am Arsch lecken«. Sogar eine Verwarnung wegen Befehlsverweigerung handelte sie sich ein. Gegen die Gaskammern hat sie jedoch nie protestiert. Zumindest findet sich davon nichts in den Verhörprotokollen.

Vom Leben nach Dienstschluss ist wenig bekannt. Die Aufseherinnen kochten und aßen gemeinsam, sie flickten ihre Kleidung und lasen Liebesromane aus der Lagerbibliothek, ritten mit Vollblütern aus und tranken Kaffee im »Deutschen Haus«, einem Treffpunkt des Lagerpersonals in Lublin. »Ja, meine Güte«, wird eine der brutalsten Aufseherinnen später erzählen, »dann war man müde, man war zerschlagen, man musste mal schreiben, man musste seine Wäsche in Ordnung bringen.«

Im Lager schob zu jener Zeit auch der Sohn eines Feuerwehrmannes und einer Hausfrau aus Wien Wache: Georg Wallisch. Er war damals 21 Jahre alt. Im Mai 1938, als Siebzehnjähriger, meldete er sich freiwillig zur SS. Er kämpfte zunächst an der Front im Sudetenland, von wo er über Oranienburg im Jahr 1941 als Wache ins KZ Majdanek kam. Erna und Georg fanden einander.

Aus hygienischen Gründen war Geschlechtsverkehr im Lager offiziell verboten. In einem Erlass wurde SS-Männern vorgeschrieben, sich »nach jedem außerehelichen Geschlechtsverkehr sofort sanieren zu lassen«.

Schwangerschaften waren damals einer der wenigen Gründe für Aufseherinnen, das Lager verlassen zu dürfen. Solange die Liebschaften unter »Ariern« blieben, wurden sie aber toleriert. Erna Wallisch wurde im Mai 1943 schwanger. Im Dezember heirateten sie und Georg Wallisch. Da stand der Kindsvater schon unter Arrest. Er hatte goldene Uhren gestohlen, die Juden bei der Selektion auf den Boden werfen mussten. SS-Leiter Heinrich Himmler sprach zu jener Zeit in seiner Posener Rede davon, dass SS-Leute zwar die Juden völlig ausrotten sollten, doch niemals dürften sie sich an ihrem Vermögen vergreifen. Darauf stünde der Tod. Georg Wallisch wurde nur zu drei Jahren Kerker verurteilt.

Der dritte November 1943 begann für Erna Wallisch mit einem Wiener Walzer. Die Musik sollte die Schüsse und die Schreie übertönen. »Wir Aufseherinnen«, gab sie zwanzig Jahre später zu Protokoll, »hatten am betreffenden Tage Weisung erhalten, in den Unterkünften zu bleiben. Schon in den frühen Vormittagsstunden hörten wir plötzlich vom rückwärtigen Teil des Lagers her fürchterliches Schießen.« Die Jüdinnen in der Baracke seien »furchtbar ängstlich« gewesen. »Da die Schießerei den ganzen Tag über nicht aufhörte, war ich schon selber der Meinung, dass alle Lagerinsassen liquidiert würden.« Wallisch erlitt einen Nervenzusammenbruch.

Der Tag, an dem die Schwangere im KZ Majdanek zusammengebrochen war, ging als »Erntefest« in die Geschichte ein. Nach einer Lagerrevolte in den Vernichtungslagern Treblinka und Sobibor ermordeten die Nazis innerhalb von 24 Stunden im Distrikt Lublin 42 000 Juden. Erschossen wurden die Gefangenen der umliegenden Lager, aber auch Menschen, die an ihrem Arbeitsplatz, in ihren Wohnungen oder in Cafés verhaftet worden waren. Allein im KZ Majdanek kamen 18 000 Menschen um.

SS-Leute zwangen die Gefangenen zunächst, einen Graben auszuheben. Dann mussten sie sich nackt ausziehen und »dachziegelförmig« in die Gruben legen, wo sie unter den Klängen von Tanzmusik erschossen wurden. Die Exekutoren erhielten für den »Sondereinsatz« zwei Liter Wodka und 400 Zigaretten.

Am 23. Juli 1944 befreiten russische Soldaten das großteils geräumte Lager Majdanek. Der Journalist Alexander Werth berichtete für die BBC von diesem Tag: »Meine Schuhe waren weiß von Menschenasche. Auf dem Steinboden vor den Öfen lagen menschliche Skelette. Hier ein ganzer Brustkorb mit Rippen, dort ein Stück Gehirnschale, da ein Unterkiefer, in dem noch die Backenzähne steckten. In einiger Entfernung hatte man ein zwanzig bis dreißig Meter langes Massengrab geöffnet. Darin lagen Hunderte von nackten Leichen. Viele wiesen Einschüsse im Hinterkopf auf. Ein Kind hielt noch seinen Teddybär im Arm.«

Im Generalgouvernement Lublin, so schätzen Historiker, wurden 1,8 Millionen Juden ermordet. Die Zahlen der in Majdanek Getöteten variieren zwischen 78 000 und 250 000. Elsa Ehrich, Kommandantin des Frauenlagers in Majdanek, wurde 1948 in Polen zum Tode verurteilt, ebenso wie 108 andere Majdanek-Aufseher. Einige der Verantwortlichen werden in Lublin vor den Augen von 25 000 Bürgern der Stadt gehängt.

Erna Wallisch hatte das Lager bereits verlassen, als die Russen kamen. Sie beendete ihren Dienst am 15. Jänner 1944 und zog nach einem kurzen Aufenthalt in Deutschland in ein Zinshaus in der Schiffmühlenstraße, Wien-Kaisermühlen. In diesem Jahr brachte sie ihre erste Tochter zur Welt. Georg Wallisch wurde währenddessen von der SS begnadigt und an die Front geschickt, von wo er schwerverwundet in ein Lazarett nach Thüringen gelangte. Die Amerikaner nahmen ihn fest und hielte ihn bis Oktober 1946 in einem Internierungslager in Darmstadt fest. Dann kehrte er nach Wien zurück.

Während sich die Wallischs ein kleinbürgerliches Leben aufbauten, begannen die Volksgerichte der Alliierten in Wien die NS-Verbrechen aufzuarbeiten. Es setzte harte Urteile, sogar für Mitläufer, die jedoch sehr bald schon wieder abgemildert wurden. Eine der brutalsten Aufseherinnen in Majdanek, die Hilfsarbeiterin Hermine Braunsteiner, wurde 1949 zu drei Jahren schweren Kerkers verurteilt, weil sie in Ravensbrück Gefangene misshandelt hatte. Bereits 1950 wurde sie begnadigt. Ihre Morde in Majdanek kamen vor Gericht nicht zur Sprache. So blieben auch Erna und Georg Wallisch unbehelligt.

Es sollte zwanzig Jahre dauern, bis sich die österreichische Justiz mit Majdanek zu befassen begann. Mitte der Sechzigerjahre wurden mehrere ehemalige SS-Angehörige einvernommen. Im Jänner 1965 verhörte die Staatspolizei Georg und Erna Wallisch. Ein Staatsanwalt schrieb in den Akt: »Wegen Verjährung dringend!«

Die Wallischs wohnten nach wie vor in Kaisermühlen. Erna Wallisch arbeitete als Bedienerin, verdiente 1600 Schilling im Monat. Ihr Mann brachte als Fliesenleger 2000 Schilling nach Hause. Mittlerweile hatte sie eine zweite Tochter bekommen.

»Ich bin nicht in der Lage, über die Tötung von Häftlingen im KZ-Lager Lublin Angaben zu machen«, sagte Georg Wallisch vor den Behörden, »es war aber ein offenes Geheimnis im ganzen Lager, dass häufig Tötungen von Häftlingen vorkamen.« Er habe von der »Verwendung der Gaskammern zum Zweck der Vergasung von Juden« gewusst: »Das wusste aber damals die ganze Stadt Lublin.«

Er widersprach damit seiner Frau. Erna Wallisch bestritt bei ihrer ersten Einvernahme, von den Gaskammern gewusst zu haben. Ein fensterloser Raum, der ans Bad angeschlossen war, sei ihr zwar aufgefallen, dessen Zweck aber vor ihr verheimlicht worden, beteuerte sie. Von den Massenerschießungen und von einem Krematorium habe sie gewusst. Misshandlungen von Insassen habe sie aber nie beobachtet.

Trotz solcher Widersprüche konnte das Ehepaar nach wenigen Stunden wieder nach Hause gehen. Das Verfahren gegen die beiden wurde eingestellt.

Am 1. August 1972 geriet Georg Wallisch erneut ins Visier der Justiz. Wallisch arbeitete zu diesem Zeitpunkt als Portier. Von seiner Frau war er mittlerweile geschieden. Ein Zeuge gab damals an, Wallisch habe im Winter 1942 mehrere Gefangene erschossen. Georg Wallisch beteuerte jedoch, »nie, weder im betrunkenen noch im nüchternen Zustand«, jüdische Gefangene erschossen zu haben: »Meiner Meinung nach kann es sich bei den beiden übereinstimmenden Zeugenaussagen nur um eine Namensverwechslung bzw. eine Namensgleichheit handeln.« Abermals reichten der Staatsanwaltschaft solche Aussagen, um den Beschuldigungen nicht weiter nachzugehen.

Auch politische Gründe dürften dafür ausschlaggebend gewesen sein. Denn anders als in der unmittelbaren Nachkriegszeit waren bereits ab Mitte der Fünfzigerjahre NS-Täter kaum noch verurteilt worden. Im Justizministerium trat deshalb Anfang der Siebzigerjahre SPÖ-Justizminister Christian Broda mit seinen Oberstaatsanwälten in einer geheimen Sitzung zusammen. Sie beschlossen, keine weiteren Anstrengungen mehr zu unternehmen, NS-Verbrecher anzuklagen. Denn die Geschworenensenate, so der Historiker Winfried Garscha vom DÖW, sprachen auch die schlimmsten NS-Verbrecher frei, weil sie den Opfern nicht glaubten. In einem Auschwitzprozess in Wien wurden 1972 sogar zwei Konstrukteure der Gaskammern freigesprochen. Die Politik kam zum Befund, es habe keinen Sinn mehr, und zog einen Schlussstrich. 1975 endete der letzte Prozess gegen einen mutmaßlichen NS-Verbrecher. Er endete mit Freispruch.

In Deutschland hingegen versuchte zu dieser Zeit der junge Staatsanwalt Dieter Ambach, die Verantwortlichen von Majdanek doch noch vor Gericht zu stellen. Seine Ermittlungen führten ihn auch nach Wien. Am 30. November 1972 vernahm er Erna Wallisch. Anders als 1965 sprach Wallisch über die Gaskammern und die »ängstlichen Frauen«, die sie dort zu »beruhigen« hatte. Am Ende des Verhörs sagte Wallisch: »Wenn mir gesagt wird, dass ich mich nach meinen Angaben der Beteiligung am Mord schuldig gemacht haben kann, so sage ich: Wieso? Den Befehlen mussten wir folgen. Wenn ich mich geweigert hätte, so wäre ich vielleicht eingesperrt worden.« Ambach, der heute als pensionierter Staatsanwalt in Düsseldorf lebt, kann sich noch an das Verhör erinnern. »Frau Wallisch wirkte emotionslos.«

Für die Staatspolizei waren Wallischs Bekenntnisse neu. Sie drängte die Staatsanwaltschaft Wien, ihr doch noch einmal den Prozess zu machen. Der Staatsanwalt stellte das Verfahren jedoch ein. Wallisch sei zwar nicht unschuldig, doch da sie nur eine »untergeordnete Rolle« bei den Vergasungen zu verantworten habe, sei die Tat aufgrund der damals geltenden Rechtslage verjährt.

Die Wiener Justiz sah das KZ Majdanek offenbar nicht als einheitliche organisierte Tötungsmaschine, die nur durch die Beteiligung aller SS-Leute funktionieren konnte, sondern sie versuchte, die persönliche Schuld jedes kleinen Rädchens nachzuweisen. Was auf den ersten Blick wie eine hehre rechtsstaatliche Vorgangsweise aussieht, werten Historiker wie Winfried Garscha auch als mangelnde Bereitschaft der Justiz, gegen NS-Täter mit aller Härte vorzugehen.

Am 25. November 1975 begann in Düsseldorf der Majdanek-Prozess, für den Wallisch als Zeugin in Wien befragt worden war. Es war der weltweit letzte große Prozess gegen NS-Verbrecher. Auf der Anklagebank saßen neben neun Männern sechs ehemalige Aufseherinnen. Darunter auch Hermine Braunsteiner. Es ist jene Wienerin, die in Wien vom Volksgericht wegen ihrer Taten in Ravensbrück verurteilt und bereits kurz darauf begnadigt worden war. Nach ihrer Entlassung war sie in die USA emigriert, wo sie einen Amerikaner geheiratet hatte. Simon Wiesenthal spürte sie auf. Ebenfalls angeklagt war Hildegard Lächert, im Lager als »Blutige Brigitte« gefürchtet, weil sie so viele Häftlinge mit eigenen Händen totgeschlagen hatte. »Sie stand nie still, und ihre Hände waren immer voller Blut«, erzählte eine Zeugin. Die Medien gingen beim Düsseldorfer Prozess wenig zimperlich mit den ehemaligen Aufseherinnen um, die elegant gekleidet oder auch mit Steirerhüten zum Prozess kommen. »Bestien«, »Furien«, »Monstren« schrieben die Zeitungen.

Während des Prozesses drehte der mittlerweile verstorbene deutsche Regisseur Eberhard Fechner eine dreiteilige Dokumentation über Majdanek. Unter der Vereinbarung, dass das Videomaterial erst nach Ende des Prozesses veröffentlicht werde, erzählten die meisten der Angeklagten überraschend offen über ihre Taten. Auch Erna Wallisch gewährte ein Interview. Sie sitzt in ihrem Wohnzimmer, trägt eine dicke Hornbrille und spricht keinen Thüringer Akzent mehr, sondern Wienerisch. Jannet Fechner war als Regieassistentin dabei, als das Interview in der Wohnung in der Wiener Schiffmühlenstraße stattfand. »Wallisch«, erzählt sie heute, »schickte die anwesenden Kinder ins Kino.« Sie sagte: »Sollen die hier mit anhören, was ich einmal gemacht habe?« Fechner spricht von einer »herben, harten Frau«.

Der Prozess in Düsseldorf endet am 30. Juni 1981, nach fünf Jahren und 474 Verhandlungstagen. Nur sieben Personen werden zu Freiheitsstrafen verurteilt. Einzig Hermine Braunsteiner erhält lebenslänglich, sie starb 1999, drei Jahre nach ihrer Begnadigung.

Die Ernüchterung war groß. Die Bevölkerung wurde der Verfolgung von NS-Verbrechen überdrüssig. In Umfragen sprach sich in Deutschland nach dem Majdanek-Prozess eine Mehrheit gegen weitere NS-Verfahren aus. Doch immerhin: In Düsseldorf gab es den Prozess und eine historische Aufarbeitung durch die Justiz. Vor allem auch für die Opfer war das wichtig.

Anders in Österreich, das sich damals noch als Opfer Hitlerdeutschlands inszenierte. Nur mehr Einzelne wurden durch den unermüdlichen Simon Wiesenthal öffentlich mit ihrer NS-Vergangenheit konfrontiert. Sie starben aber entweder vor dem Prozess, wie etwa der Grazer Zahnarzt Egon Sabukoschek, der Geiselerschießungen im ehemaligen Jugoslawien vorbereitet haben soll. Oder sie wurden – wie der

NS-Arzt Heinrich Gross – wegen Demenz für verhandlungsunfähig erklärt. In der Wiener Staatsanwaltschaft, so erinnern sich Augenzeugen, rief in den Achtzigern der Portier die Staatsanwälte an, wenn Wiesenthal das Haus betrat, um neue Beweise abzuliefern. Die Ankläger versperrten ihre Türen.

Den undankbaren Job des Nazijägers hat nun Efraim Zuroff übernommen. Seit mehr als zwanzig Jahren koordiniert der Historiker für das Wiesenthal-Center die Suche nach den letzten NS-Verbrechern. Im Jahr 2002 rief der gebürtige New Yorker die Operation »Last Chance« aus. Zuroff will Wiesenthals Erbe verwalten, keine Ruhe geben, solange die Täter noch ohne Urteil in Freiheit leben. Er fahndete etwa nach dem Mauthausener Lagerarzt Aribert Heim. Der kochte die Schädel von KZ-Gefangenen aus, nachdem er sie bei lebendigem Leibe aufgeschlitzt hatte. Zuroff kooperiert mit Zielfahndern, die derzeit südamerikanische Pensionistenheime durchsuchen. Er spürt Zeugen, Beweise, Adressen auf und setzt die Justizminister vieler Länder unter Druck. Zuroff schaltete auch eine Anzeige in der *Kronenzeitung*. Diese veranlasste jemanden am 8. Mai 2004, dem Jahrestag der Befreiung, einen anonymen Brief zu verfassen. Zuroff schreckte auf, als er das Schreiben las. In der Schiffmühlenstraße 100, stand darin, lebe der »Weibsteufel vom KZ«. Es ist die Adresse von Erna Wallisch, ihre Nummer steht sogar im Telefonbuch. Sie lebt seit sechzig Jahren in dieser Straße, ist nur einmal einen Block weit umgezogen.

Im Jänner 2006 forderte Zuroff die damalige Justizminsterin auf, gegen die ehemalige Majdanek-Aufseherin aktiv zu werden. Alles verjährt, bedauerte diese. Zuroff reiste weiter nach Polen. Die Behörden dort würden gerne gegen Wallisch ermitteln, doch auch hier das gleiche Dilemma: Es gibt keine Zeugenaussagen, die auf eine unmittelbare Beteiligung Wallischs an einem Mord in Majdanek hindeuten. Die Polen recherchierten weiter.

Nun gibt es fünf neue Aussagen, die Warschau dem österreichischen Justizministerium übermittelte. Sie wurden zwischen April 2006 und April 2007 zu Protokoll gegeben. Erna Wallisch, geborene Pfannstiel, soll demnach einen Säugling aus einem Versteck gezogen und »wie ein Holzstück auf den Boden geworfen« haben. Sie soll selbst Selektionen von Frauen und Kindern zur Vergasung vorgenommen und Gefangene ausgepeitscht und nicht nur – wie sie selbst stets beteuert hatte – dabei zugesehen haben. Die wohl wichtigste Aussage stammt von Jadwiga L. Sie erzählt von einer schwangeren Frau, die einen Mann mit einem Brett so lange geschlagen haben soll, bis er sich nicht mehr rührte und sein Kopf in einer Blutlache lag.

Die Aussagen seien mit Vorsicht zu bewerten, heißt es aus Justizkreisen. Sie wurden mehr als sechzig Jahre nach dem Delikt getätigt. Und die meisten der Anschuldigungen sind einer schwangeren Frau zugeordnet. Wallisch war schwanger, so wie ein paar andere Wärterinnen auch. Die Staatsanwaltschaft Wien hat das Verfahren zwar eröffnet, ob es aber auch zu einer Anklage kommen wird, ist noch unklar.

Erna Wallisch selbst will keine Stellung dazu nehmen, nicht zu ihrem Leben und nicht zu den neuen Vorwürfen. Einer Wiener Wochenzeitung versicherte sie, an Gewalttätigkeiten nicht beteiligt gewesen zu sein. Die Pensionistin lebt heute wegen der öffentlichen Aufmerksamkeit vermutlich bei einer ihrer Töchter, vielleicht liegt sie auch im Spital, mutmaßt ein Nachbar. Seit einigen Tagen, erzählt ein anderer, kann er den Fernseher, den Wallisch wegen ihrer Schwerhörigkeit immer zu laut aufgedreht hatte, abends nicht mehr hören. Was er über sie sagen kann? Ein Glasauge soll sie haben und ein Lungenleiden, weswegen sie oft an einer Sauerstoffflasche hängt. Viel mehr weiß er nicht über die Frau, die seit 35 Jahren neben ihm lebt. Nur dass sie den Kindern im Haus früher Zuckerln schenkte. Bis sie irgendwann begann, schnell die Türe zu schließen, wenn jemand vorbeikam.

(Gemeinsam mit Stefan Apfl)

Die Geschichte von Nummer 164953 –
Warum Ladislaus Zuk in Österreich blieb

Am Rande der oberösterreichischen Arbeiterstadt Ebensee, unweit der Stollen, wohnt der 89jährige Bauarbeiter Ladislaus Zuk. Eine steile Holztreppe führt hinauf in sein Wohnzimmer. »Treten Sie ein!« bittet Zuk und weist in ein Zimmer voller Porzellanpuppen: »Hier wurde ich ein zweites Mal geboren.«

Das war am 8. Mai 1945. Zwei Tage zuvor hatten die Amerikaner das Konzentrationslager Ebensee befreit. Ladislaus Zuk war 25 Jahre alt. Er wog 39 Kilo.

»Dieses Haus«, sagt Zuk, »wurde meine zweite Heimat.« Die Familie, die hier einst wohnte, aber vor allem die Jugend in der Umgebung habe ihm geholfen, sein zweites Leben zu meistern, »denn sie hörte mir zu«. Zuk zückt ein Notizheft. Penibel notierte er darin die Schulklassen, denen er seine Geschichte in den vergangenen zwanzig Jahren erzählt hat. Mehr als 25 000 Schüler haben sie gehört.

Fünf davon haben es ein paar Tage zuvor in die Weltpresse geschafft – weil sie Ebenseer KZ-Häftlinge attackierten. Die Lehrlinge posierten mit Sturmhaube und Maschinengewehr. Sie brüllten »Sieg Heil!« und ballerten im Stollen mit Gummigeschossen auf KZ-Häftlinge, die mit Ladislaus Zuk ihre alljährliche Gedenkfeier abhielten.

Die Burschen wohnen in der Finkerleiten, einer ganz besonderen Siedlung der Stadt. Es sind Söhne anständiger roter und schwarzer Eltern. Einer, so erzählten die Eltern, habe bloß Mickymaus gelesen und sei bei den Roten Falken sozialisiert worden. Er sei auf Gedenkfeiern gegangen und bereue seine Tat. Ein anderer, so berichten Schulfreunde, sei in der Schule ein »Schwammerl« gewesen, seine Eltern anständige Unternehmer im Dorf. Der dritte habe zwar in der Dorfdisco auf Türken geschimpft, bei ihnen aber Kebab gegessen.

Diese »Naziattacken« schockierten nicht nur die Republik und den heimischen Verfassungsschutz, sie überraschten vor allem auch die Leute von Ebensee. Deren traditionell sozialdemokratisch regierte Stadt, die so viel gegen die Rechten getan hatte, stand plötzlich als braunes Nest in den Schlagzeilen. In Wirtshäusern, Trafiken und beim Bosnastand fragen sich alle: Waren es dumme Burschen? Oder ergießt sich, wie es der oberösterreichische Polizeidirektor vermutet, »eine braune Suppe« bis ins entlegene Salinenstädtchen?

»Der Hitler«, erklärt Ladislaus Zuk, »hat halt auch hier seine braunen Wurzeln vergraben.« Die Ebenseer Stadtväter waren bis vor kurzem noch überzeugt, diese ausgerissen zu haben.

Ja, im nahen Gmunden, so erzählen Jugendliche vor der Disco »Hoppala«, da gibt es eine Neonaziszene. Manchmal treffe sie sich auch hier. Die Weißen Wölfe etwa, die Türken und Punks verprügeln und sogar Waffen besitzen. Aber in Ebensee? »Da hockst du gleich am Posten«, sagt ein Jugendlicher. Wer seinen Kopf rasiert, der müsse zum Gendarm.

Herwart Loidl, der bullige Bürgermeister, sagt, dass sich Ebensee in den letzten zwanzig Jahren »den Orsch aufgrissen« hat. Man habe doch hier, wo zwei Drittel SPÖ wählen, Verantwortung übernommen. Reue gezeigt. Gedenkfeiern organisiert.

Ein KZ am Stadtrand, die anfängliche Angst, aber auch Hilfe für die Opfer, das Schweigen und das Aufarbeiten:

Ladislaus Zuk hat all das am eigenen Leibe erlebt, und so kann man, um die Umtriebe in Ebensee zu verstehen, auch seinen Spuren folgen.

Nachdem er am 6. Mai 1945 befreit worden war, als er mit tausenden anderen abgemagerten Häftlingen wie ein lebendiges Skelett durch die Stadt irrte, da vermerkte ein Soldat in einem Brief an seine Familie, dass die Ebenseer anders als andere befreite Österreicher »hysterisch vor Angst« gewesen seien. Sie fürchteten, für die Verbrechen der SS verantwortlich gemacht zu werden, die hier am Stadtrand passiert waren. Aus Barmherzigkeit, aber wohl auch aus Selbstschutz nahmen Ebenseer Familien KZ-Häftlinge auf. »Wer sie versorgte«, erzählt Josef Piontek, ein Stadtchronist, »musste sich nicht mehr vor den Befreiern fürchten.«

Am 8. Mai, als in Europa die deutsche Wehrmacht kapitulierte, da durfte auch Ladislaus Zuk wieder »wie ein Engel im Himmelbett« unter einer Tuchent schlafen. Die Familie Obermayr hatte ihn aufgenommen. Die Tochter des Hauses, Josefine, päppelte Zuk mit weichem Brot und warmer Milch auf. »Iss langsam, Ladi«, sagte Josefine, »sonst stirbst du mir noch.« So wie 750 andere Häftlinge, die noch in Freiheit an Erschöpfung starben – etwa weil ihre verhungerten Körper die Schokolade und die Konserven der Amerikaner nicht vertrugen.

Ladislaus Zuk konnte Josefine kaum verstehen. Er beherrschte nur ein paar Brocken Deutsch: »Mütze auf! Mütze ab! Arbeiten! Gemma, gemma!« Das waren die Kommandos, die er zunächst im Vernichtungslager Auschwitz und dann im KZ im Stollen von Ebensee gelernt hatte. Mit 26 000 anderen Häftlingen musste er hier einen acht Kilometer langen Tunnel in den Berg treiben. Die KZler sprengten gigantische Hallen in den Fels. Mehr als 8000 Zwangsarbeiter gingen dabei zugrunde. Der Stollen war so breit, dass darin sogar Lastwägen umdrehen konnten. Die Nazis planten, hier ihre erste Interkontinentalrakete zu bauen.

Als dieses Martyrium überstanden war, wollte Ladislaus Zuk zurück nach Warschau, wo er im Jahr 1940 als Widerstandskämpfer von der Gestapo verhaftet worden war. Doch sein Warschau existierte nicht mehr, seine Eltern waren ermordet worden.

Und so blieb Ladislaus Zuk bei seiner Josefine, so wurde aus Władysław Zuk, den man »Schug« aussprach, der Zuk Ladi. In seinem Schlafzimmer liegt, in einem Plastiksack feinsäuberlich verpackt, das Hochzeitsfoto. Es zeigt einen kräftigen Mann im Anzug, sie legt den Kopf auf seine Schulter. »Meine Josefine«, sagt Zuk und streicht über das Bild eines lächelnden Mädchens, »war die schönste Frau.« Gemeinsam zogen sie fünf Kinder groß. Er pflegte seine Josefine bis zuletzt.

Ladislaus Zuk war nicht der einzige KZ-Überlebende, der in Ebensee blieb. Es gab einige Polen, die hier ein neues Leben wagten. So wie Ladislaus Zuk verdingten sie sich als Arbeiter. Er schuftete von vier Uhr morgens bis zehn Uhr nachts, aber nie wagte er es am Bau, vom KZ zu erzählen. Bei manchen im Dorf galt er ja noch immer als »Saupole« und »Polacke«. In der Nacht schrie er im Traum.

Langsam wagten sich auch andere KZler nach Ebensee. Vor allem aus Prato kamen Überlebende, sie gruben in der Erde, sie suchten nach Beweisstücken, sie wollten dokumentieren, was hier geschah. Die Arbeiter Pratos hatten in der Hitlerzeit zu streiken gewagt, die Nazis schickten sie zur Strafe in den Stollen. »Kalt und herzlos«, so erinnerten sie sich, seien sie hier in den fünfziger Jahren empfangen worden. Immerhin: Es gab einen KZ-Friedhof. Das war damals nicht selbstverständlich. Seiner Opfer gedachte Österreich nicht gerne, es sah sich doch selbst als eines.

In der Finkerleiten zum Beispiel, wo die jungen Provokateure leben, ist diese Opferdoktrin gut dokumentiert. Hier stand einst das KZ. Doch schon 1949 hatten die Stadtväter das Gelände parzelliert und eine Genossenschaftssiedlung hochgezogen. Sogar einen im Jahre 1948 von Häftlingen aufgestellten Gedenkstein, »Zur ewigen Schmach des deutschen Volkes« errichtet, versetzten sie, »weil er den Tourismus störte«.

Für Ladislaus Zuk war all das schwer zu verstehen. Ausgerechnet hier, wo er jeden Tag Mithäftlinge verhungern sah, wo Selbstmörder »wie Spinnen im Netz« in den elektrischen Zäunen hingen, wo er sich von Kartoffelschalen, Gras und Baumrinde ernährte, ausgerechnet da legten Ebenseer Kriegsheimkehrer ihre Kleingärten an. Einzig den Torbogen des Lagers ließen die Stadtväter auf Bitten von KZ-Opfern hin stehen. Zwischen Fertigteilhäusern steht er heute noch da. Erst seit 1995 erinnert eine Tafel daran, was hier geschah.

Der Opfermythos hielt vier Jahrzehnte an. Dann folgten Haider, Waldheim, das Gedenkjahr, die braunen Flecken in der zirka vierzig Kilometer nördlich gelegenen Stadt Wels. Auch in Ebensee begann eine junge Generation von Historikern Fragen zu stellen. Eltern und Opfer wurden interviewt, ihre Geschichten dokumentiert – erstmals erzählte auch Ladislaus Zuk, was ihm hier widerfuhr.

In Ebensee regierte zu jener Zeit ein junger roter Bürgermeister namens Robert Graf, der all das förderte. Er pflegte die Tradition der aufsässigen Salinenstadt, die schon dem Gmundner Salzamt getrotzt und gegen Obrigkeiten revoltiert hatte. Gegen den Protest mancher Parteifreunde gründete Graf nicht nur eine Städtepartnerschaft mit der Opferstadt Prato. Er holte auch einen jungen Germanisten nach Ebensee, Wolfgang Quatember. Der bedächtige Wissenschaftler sollte in der Geschichte der Stadt wühlen – und die Jugendlichen der Region darüber unterrichten.

Quatember mietete von den Bundesforsten ein paar der Stollen an und erklärte den Besuchern, was hier tatsächlich geschah. Er ließ eine alte Schule zu einem Zeitgeschichtemuseum umbauen. In einer Endlosschleife überträgt dort ein Monitor einen Film der US-Armee. Die ersten Szenen zeigen kernige Bauern und am Traunsee promenierende Ebenseer. Und dann sieht man, wie verhungerte Menschen wie Sandsäcke auf Scheibtruhen geworfen werden. Die Hauptschüler, die hier durchgeschleust werden, sind nun ganz stumm.

Tag für Tag werden hier nun Schulklassen durchgeschleust, geduldig erklärt ihnen Quatember, wie leicht eine totalitäre Gesellschaft entstehen kann. Er spricht über Dollfuß und Hitler, aber auch über H.C. Strache. Ladislaus Zuk schildert danach sein Leben.

Erreicht all das die Schüler nicht mehr? Hat ein Teil der Ebenseer Jugend vergessen, was auf jenem Grund geschah, den sie nun bewohnen? Wurde gar übertrieben beim Gedenken, wie der Bürgermeister Loidl in einer ersten Reaktion mutmaßte?

Ladislaus Zuk krempelt seine Hemdsärmel hoch, als er diese Fragen hört. Kurz wirkt er so, als ob er sich für ein Armdrücken bereit mache. Doch er zeigt nur die Häftlingsnummer, die man ihm in Auschwitz in den Unterarm tätowierte. Dann aber sagt der Mann mit der Nummer 164953: »Auch diesen Burschen werde ich noch was erzählen.«

Der gemeine Bau – *Wo ein Wiener auf Kinder schießt*

In seiner Wohnung auf der Zweierstiege dämpft der arbeitslose Lastwagenfahrer Fredl, 48, zufrieden seine vierte blaue Memphis aus. Zwei Finger zwängt er durch die heruntergelassene Jalousie, blickt hinaus auf den verwaisten Spielplatz im Hof und genießt die Stille, ein Kind der Angst. Fredl, großer Bauch, roter Zopf und ein herunterhängender Schnurrbart wie ein Walroß, sagt: »Endlich ist hier Ruhe! Die Kinder wissen noch nicht, dass sie ihn verhaftet haben. Und ich sag's ihnen sicher nicht.«

Nur ein pummeliges Mädchen hutscht auf der Schaukel. Acht Jahre ist es alt, die Eltern, Tschetschenen, sind dem Straßenkampf Grosnys entkommen. Nun stehen sie an der Wiener Gemeindebaufront. Ihre Tochter hält einen Schlecker in der Hand, deutet aufgeregt auf eine kleine Wunde an der blassen Stirn. Flüsternd sagt das Kind: »Auf mich hat er auch geschossen.« Dann kommt eine Mutter mit Zahnlücke vorbei und berichtet: »Und den Meinigen hat er von hinten getroffen!«

Wenige Tage zuvor landete der Notarzthubschrauber in der Quellenstraße 24. Die Ärzte mussten ein angeschossenes Kind, den achtjährigen Hamza Ocalan, ins Krankenhaus ausfliegen – Schulterschuss. Die Behörden rechneten mit dem Schlimmsten – einem Kindermörder, der vom Balkon aus in Sandkästen schießt. Der Schütze wurde schnell gefasst – ein 26jähriger Drogenkranker mit einem »Pascher«, wie er selbst über sich sagte. Er lebte erst seit ein paar Monaten hier, schoss nur mit einem Luftdruckgewehr, angefeuert von einem Freund (»Schiaß auf den Bladen!«).

Fast hätte die Polizei den Fall schon als erledigt zu den Akten gelegt. Doch vergangenen Mittwoch, zwei Tage nach der Tat, stehen ein Landespolizei- und ein Bezirkskommandant mit ihren stolzen Uniformen noch immer im Gemeindebau. Es schwirren die Schwalben, es duften Bäume und Schnitzel, aber Mahrer sagt: »Irgendwas stimmt da nicht.« Vor allem die alten Anrainer, erzählt er, hätten in den Einvernahmen so ein merkwürdiges Verständnis für die Schüsse gezeigt. »Niemand hat uns die Vorfälle gemeldet.« Selbst die Eltern eines angeschossenen Kindes hätten die Polizei nicht informiert. Nicht, dass die Leute den Kindern etwas antun wollen oder Sympathie hätten mit dem Schützen. Das nicht. Aber von Mitleid mit den verwundeten Kindern sei auch kaum etwas zu hören gewesen, eher so etwas wie Schadenfreude. »Seltsam ist das«, sagt der Polizeichef.

Die Boulevardzeitung *Kurier* schrieb dann, einer der gefährlichsten Wiener Gemeindebauten sei hier in der Quellenstraße zu besichtigen. Da rotierte das Rathaus, die Sozialingenieure der Gebietsbetreuungen schwärmten aus zur »Traumaarbeit« und verkündeten, es werde doch alles getan für die Sicherheit. Für den Polizeichef aber geht es hier nicht um Kriminalität im klassischen Sinn, die sei nicht dramatisch, sondern um »diese Einsamkeit und die Frustration, die man nicht aus den Wohnungen rauskriegt«. Ein Streifenpolizist drückt es später fast poetisch aus: »Es herrscht hier die Grundangst des Wieners, Lebenslust zu sehen.«

Nein, die Quellenstraße 24B ist kein vergessener Banlieue, hier brennen keine Autos, ganz im Gegenteil, hier werden sie liebevoll tiefergelegt. Der Bau ist eine Idylle des Roten Wien, die Antwort auf das Elend der Jahrhundertwende.

So wie Block 24B wurde auch Block A liebevoll saniert. Ein Bewohner sagt, »durch unsere Adern fließt rotes Blut«. Ein Mädchen, Piercing in der Zunge, schwärmt von ihrer Notfallswohnung mit Parkett und dem neuen Badezimmer und dem Rodelhügel vor dem Fenster. Doch sie sagt im gleichen Atemzug, dass sie so schnell wie möglich wegziehen würde. Lauter Verrückte würden hier wohnen. Eine Alte etwa, die nur mit einem Messer bewaffnet herumläuft, weil sie sich vor den Ausländern fürchtet. Mütter am Spielplatz erzählen, hier flögen bisweilen Erdäpfel aus den Fenstern, wenn die Ausländerkinder zu laut werden, manchmal aber auch Ziegelsteine, Wasserflaschen und Fliesen.

Man kann das Kinderfeindlichkeit nennen oder Ausländerhass. Das wäre die übliche Erklärung, aber sie verkürzt das Problem. Denn viele alte Favoritner sprechen vom Verlust ihrer Heimat. Hier in der grauen Quellenstraße, so klagen sie, verschwinde das Dorf der alten, böhmisch geprägten Arbeiter. Schon gibt es ein neues Dorf, das der Türken. Die neuen Dörfler sehen sich längst auch als Wiener. Dennoch fällt es vielen Wienern wie Türken schwer, Gemeinsamkeiten mit den neuen Nachbarn zu entdecken.

Der siebzigjährigen Ernestine C. zum Beispiel, Tochter eines Straßenbahnfahrers. Sie trägt eine dunkle große Brille, ihr Kreuz ist gebeugt vom Leben, und sie betont, eine »aufrechte Sozialdemokratin« zu sein. Sie steht in der Werkstatt des türkischen Schneiders im weitläufigen B-Block und schildert ihre Welt: »Wir Proletarier waren arm, einfach, genügsam und aufmerksam.« Die Türken im Bau aber stünden »unter den Proletariern«. Ihnen fehle »das Wissen, was sich gehört«. Die Kinder über ihr trampeln »wie Pferde mit Hufen«, und unten im Hof bekomme man die Platzangst vor »lauter Gschrappen«. Natürlich dürfe man auf Kinder nicht schießen. Aber: »Der Lärm, die Masse, die Bedrängnis, das stört mich.«

Früher, da habe man die Nachbarn sogar um Erlaubnis gefragt, bevor man einen Wellensittichkäfig auf den Balkon stellte. Heute führten die Kinder Kampfhunde Gassi. Sie sagt: »Hier lacht kein Kind. Die brüllen nur.« Alleingelassen sei diese armselige Jugend, keiner lese den Kindern heute noch ein Buch vor, niemand packe ihnen eine Jause ein, um hinauszufahren »ins Liebhartstal oder auf den Schneeberg«. So wie das angeblich früher war, als Ernestine C. selbst ein Kind war.

Der türkische Schneider widerspricht, aber er ringt nach den richtigen deutschen Worten. Seine Erfahrungen sind völlig anders, er ist stolz auf den Gemeindebau. Er sagt, Wien sei seine Heimat, die Quellenstraße sein Dorf, seine Kinder seien wohlerzogen. Aber er kann das Ernestine C. nur schwer vermitteln. Obwohl er länger im Gemeindebau lebt als sie, 32 Jahre, kann er nicht fließend Deutsch.

1929, ein paar Jahre bevor Ernestine C. auf die Welt kam, wurde der Hof in der Quellenstraße 24A von Schülern Otto Wagners erbaut. Kinderfreunde und Rote Falken sorgten sich um die Nachkommen der Arbeiter, die in den umliegenden Betrieben schufteten. Der Bau steht dort, wo einst jene Gstettn war, auf der ein Kind namens Matthias Sindelar das Fußballspielen erlernte. Der »Papierene«, wie er später als Nationalspieler hieß, lebte auf der anderen Straßenseite, in einem der grauen Zinshäuser, die heute noch feucht sind. Jetzt wohnen dort Afrikaner, Chinesen, Türken – jene Zuwanderer, die hier Supermärkte, Krämerläden, Videotheken und Internetshops gründen. Es ist diese neue Klasse, die Ernestine C. heute »unter sich« sieht.

Favoriten wurde erst vor 150 Jahren gegründet. Die Favoritenstraße, heute eine ärmlich wirkende Fußgängerzone, in der ständig Abverkauf herrscht, verband ursprünglich zwei Wirtshäuser, so die Legende. Rundherum wurde ein Schachbrett erbaut, Chicago diente als Vorbild. Große Parkanlagen sind erst viel später entstanden: Oberlaa, Monte Laa, der Wienerberg. Es waren vor allem die zugereisten Ziegelböhm, die Ärmsten der Armen, die hier wohnten. Das Rote Wien, aufgeschreckt durch die Berichte des Arztes Viktor Adler, fing sie auf, baute Höfe, die man vor den herannahenden Austrofaschisten verschließen konnte wie Burgen. Bezahlt wurde diese Utopie von den Bürgerlichen über die Wohnbausteuer.

Hier eine Wohnung zu bekommen, das bedeutete auch das Entfliehen aus dem Elend. Jetzt, glauben die alten Favoritner, verkomme das alles. Zumindest empfinden sie es so, wenn sie auf der Quellenstraße stehen. Da ist der Praschl Wirt – geschlossen. Der Frisiersalon Maria – nur noch Bilder mit altmodischen Schnitten im Fenster. Ein paar Schritte weiter hängen türkische Brautkleider in der Auslage, um »nur 29,80 Euro«. »Frischer heißer Pferdeleberkäse« verspricht eine umgefallene Tafel. Statt der Speisekarte vergilbt ein Zettel in der Auslage eines Wirtshauses – »Zu vermieten!«. Manche dieser Beiseln sind Admiral-Wettbüros. Dort setzen Afrikaner auf Hunde, die irgendwo auf der Welt um die Wette rennen. In der einzigen Buchhandlung macht ein engagiertes Mädchen ihr Geschäft nur mit Bier. Sie sagt: »Ich will fort von hier.« Die Betrunkenen würden vor ihr Geschäft pinkeln, Kinder mit Luftdruckpistolen aufeinander schießen.

Jenen, die sich hier stolz »die Roten« nennen, gefällt all das nicht. Sie missbilligen, wie Zuwanderer, Türken zumeist, neue bunte Grätzeln schaffen. Es sind jüngere Gemeinschaften, vielleicht die Zukunft Wiens. Auch sie bleiben unter sich. »Wenn wir uns zum Fernsehen setzen«, sagt eine Hausbesorgerin, »gehen die in den Park zum Tratschen.«

Viele der Zuwanderer haben sich aber auch in der zweiten Generation so etwas wie ländliche Aufgeschlossenheit bewahrt. Fragt man etwa den jungen Gemüsehändler beim Supermarkt Aycan nach der Moschee, dann verlässt er einfach seinen Laden und führt den Besucher zum Seiteneingang eines Zinshauses. Er zeigt auf eine Treppe, die, hinter einer Mülltonne versteckt, in den Keller führt. Dort ist seine unterirdische Dorfkirche, hier versammeln sich die Arbeiter von ringsum. Freundlich grüßt hier der Imam Sarioye Mutayip. Seit zwanzig Jahren lebt er in Wien. Er sagt: »Ich bin ein Favoritner!«, und im Hintergrund ruft ein anderer Vorbeter zum Gebet – auf Türkisch.

Viele der »Hiesigen« halten den Verlust ihrer vertrauten Welt schwer aus – wer kann, haut ab. Zumindest erzählt das der Wirt vom Weinhaus Aellig gegenüber. »Der Mittelstand«, der hier in der rustikalen Stube zünftig einen Vanillerostbraten aß, sei in den letzten 25 Jahren verschwunden. Mehr ist nicht zu erfahren. Der Wirt sagt: »Für die Leute hier bin ich der Pfarrer und daher ans Beichtgeheimnis gebunden.«

»Soziale Entmischung« nennen die Soziologen das, was hier passiert. Die Folgen sind bekannt: Die Zurückgelassenen im Wirtshaus beginnen gegen die »Kameltreiber« zu hetzen. Sie erzählen einander Geschichten über Jugendliche, die auf der Straße nicht ausweichen, aber Messer bei sich tragen und die »nur rohe Zwiebel und ein Happel Karotten fressen« und deshalb schuld seien, dass etwa der Fleischhauer nebenan zusperren musste, »obwohl er die größten Leberknödel der Stadt gehabt hat«.

Solcher Hass kann sich schnell auf der Straße entladen. Davon weiß eine junge Gastarbeitertochter aus dem Block 24A zu berichten. Geboren wurde sie in Wien. Erst seit einigen Jahren trägt die Angestellte einer Wiener IT-Firma ein auffälliges goldenes Kopftuch, aus »persönlicher Überzeugung«, wie sie erklärt. Und seither vergeht keine Woche, in der sie nicht angepöbelt wird.

Auch diese Frau lebt, so wie der Fredl, im Erdgeschoß und blickt auf jene Sandkisten, auf die geschossen wurde. Der Lärm der Kinder macht auch sie »rasend«. Während sie erzählt, spielt ihr Kind auf einer Kindergitarre, die Schlumpflieder von sich gibt. Die Mutter blickt auf das Mädchen und sagt: »Wenn sie groß ist, ziehe ich weg von hier. Ich will, dass sie richtig Deutsch lernt.« Hier in der Quellenstraße sei das kaum noch möglich. Nicht nur in den Schulen, auch in den Parks blieben die Türken ja nur noch unter sich. Die meisten würden nicht einmal mehr Pflichtschulen besuchen, niemand lese ihnen ein deutsches Kinderbuch vor. Die türkische Mutter sagt: »Meine Freunde waren noch gemischt. So habe ich Deutsch gelernt.«

Die Arbeiter und ihre Leberknödel-Geschichte, die integrierte Türkin und ihr Wunsch, wegzuziehen: das macht die Bezirkspolitiker hier nervös. Denn bisher hat sich Wien damit gerühmt, keine Ghettos entstehen zu lassen. Die Arbeitslosigkeit, darauf verweisen die Sozialforscher, verteilt sich sehr gleichmäßig über die ganze Stadt, und die Kriminalitätsfurcht ist überall gleich gering. Doch all das ist kein Naturgesetz. Schon erzählt die rüstige Besitzerin des Mineralienladens, dass sie wenig Geld im Geschäft hat und abends nur noch mit dem Taxi nach Hause fährt, weil sie plötzlich Angst hat »vor den dunklen Gestalten, die nur herumstehen«.

Angst, im Dunkeln heimzugehen. Angst der Zuwanderer vor schlechten Schulen. Angst vor ausländischen Kindern, die nicht mehr als Zukunft der Gesellschaft, sondern als verwahrlostes Ärgernis gesehen und von Junkies abgeknallt werden. Ist das die Zukunft des stolzen Arbeiterbezirks Favoriten?

Es gibt Stadtpolitiker, die die Gefahr erkennen. Der ehemalige Favoritner Bezirksrat und nunmehrige SPÖ-Bundesrat Peter Florianschütz, ein Kenner der Quellenstraße sagt: »Wir müssen die Durchmischung gewährleisten.« Doch wie soll das gehen, ohne rassistisch zu sein? Wer einen österreichischen Pass hat, sagt Florianschütz, der erwirbt einen Anspruch auf eine Gemeindewohnung – »und das darf sich nicht ändern, auch wenn Freiheitliche das anders sehen«.

Es müssten andere Wege beschritten werden. Man müsse die Ausländer aus der sozialen Kontrolle ihrer Kollektive holen. Sie sollten die Möglichkeit erhalten, wie moderne Menschen »individuell zu entscheiden« und nicht von jenen beeinflusst zu werden, die aus ihrer Religion oder Staatsbürgerschaft allgemeine Gesetze für alle ableiten. »Das«, sagt Florianschütz, »gebietet die Moderne. Sie ist eine Errungenschaft.« Es braucht also neue Lösungen – für beide Dörfer: die türkischen und die österreichischen. »Die Quellenstraße«, sagt Bundesrat Peter Florianschütz, »war ja immer die Chance der Einwanderer, der Bruch zwischen Stadt und Dorf. Ein Ort, wo man Probleme auch ohne Obrigkeit friedlich aushandelte.« Diese Tradition dürfe nicht verlorengehen.

Es ist Mittwoch, zwei Tage nach dem Schuss auf Hamza Ocalan. Der Schütze sitzt in Haft, schon bald ist sein Prozess. Es drohen ihm fünf Jahre Haft. Ein paar Kilometer von der Quellenstraße entfernt, bei der »Spinnerin am Kreuz«, rotiert derweil Claudia Kappacher, die Chefin der Gebietsbetreuung Favoriten, in ihrem kleinen Büro. Ständig läutet das Telefon, Stadträte, Polizisten, Journalisten und Bezirkspolitiker wollen wissen, wieso in diesem Bezirk auf Kinder geschossen wurde – und wieso die Bevölkerung so gleichgültig reagiert. Kappacher war Journalistin, sie wirkt neugierig, energisch, sie trägt ein leuchtend oranges Hosenkleid, dicken Lippenstift, und ihr Büro ist mit vielen bunten Bildern verziert. Sie seufzt: »Wir investieren Unsummen in die Gebietsbetreuung, damit die Leute nicht das Gefühl bekommen, die Stadt höre ihnen nicht zu.« Die Gebietsbetreuung sei so etwas wie »Montessori für Erwachsene«, sie helfe den Leuten, sich selbst helfen zu lernen. »Die Leute müssen reden lernen«, sagt Kappacher. Sie sollten zuerst beim Nachbarn anklopfen – und nicht gleich nach der Polizei rufen. Sie sollen die Obrigkeitshörigkeit verlieren, wenn es um die Probleme vor der Haustüre gehe.

Denn die gewohnten Autoritäten werden verschwinden. Und so müssen die »Hiesigen« den lauten Kindern selbst klarmachen, dass sie sich nach Ruhe sehnen, wenn die den Ball an die Wand treten. Sie müssen ihnen erklären, dass sie nach der Schichtarbeit oder nach einer Herzoperation Ruhe brauchen. Und die Türken könnten den Österreichern ihre Wohnverhältnisse zeigen und von den alltäglichen Schindereien in Putzkolonnen berichten.

Man müsse, sagt Kappacher, die Leute hier zusammenbringen, vielleicht ein gemeinsames Blumenbeet anlegen, ein Fest feiern, den Neuen erklären, dass ein Gemeindebau für die Alten auch Glück und Schutz geboten hat. Manche Bewohner sind während des Krieges hier in den Kellern geboren worden. Ihr Ideal von Idylle und Sicherheit soll nun nicht mehr gestört werden – und sei es auch nur durch eine Bierdose im Gras.

Das sind kluge Worte. Doch sie setzen voraus, dass die chinesischen, türkischen, tschetschenischen, polnischen und afrikanischen Kinder und deren Eltern hier auch geschätzt werden. Fredl, der arbeitslose Kraftfahrer zieht jetzt die Finger aus den Jalousien und sagt: »Das hier ist ein Ghetto.« Was er damit meint? »Wo du hinschaust, nur Kinder. Kinder Länge mal Breite.«

»Die Möbel sind dezent und fein« – *Wie jugendliche Straftäter resozialisiert werden*

Ein Hallenbad war sein Kindheitstraum gewesen. Als Gottfried neun Jahre alt war, wurde der Traum in seinem Heimatdorf wahr. Hier, im niederösterreichischen Gerasdorf, konnte der Bauernbub nun sogar im Winter plantschen und dabei durch diese modernen, großen Glasscheiben auf die Felsen des nahe liegenden Gebirges blicken. Eines aber wusste Gottfried: Es war kein gewöhnliches Hallenbad, in dem er da herumsprang. Die Gerasdorfer durften nur einmal die Woche hinter der zwei Kilometer langen Betonmauer schwimmen. An den anderen sechs Tagen gehörte das Bad besonderen Jugendlichen.

Das Besondere an ihnen: Sie waren Mörder, Räuber, Vergewaltiger. Sie lebten jetzt hier, siebzig Kilometer südlich von Wien, auf dem Gelände eines Barockschlosses, in dem zweieinhalb Jahrzehnte zuvor noch die NS-Volkswohlfahrt residiert hatte. Bruno Kreiskys Justizreformer Christian Broda ließ das Anwesen abreißen und wagte ein Experiment: ein Gefängnis, das helfen sollte, statt zu strafen. Das war 1969. Erst ein Jahr zuvor war auf Brodas Drängen hin die Todesstrafe abgeschafft worden.

Plötzlich gab es hier Dinge, von denen die Gerasdorfer nur träumen konnten: einen Tennisplatz. Einen Theatersaal mit Filmprojektor. Einen Park mit Teich. Gerasdorf, so schrieb der Kolumnist Staberl in der *Kronenzeitung*, »besitzt geschmackvoll eingerichtete Einzelzimmer. Die Möbel sind dezent und fein. Vor den Fenstern schöne Vorhänge … und da und dort ein Glasmosaik, das eigens aus Italien hergebracht wurde.« Das werde all jene Österreicher freuen, »die zu fünft auf Küche und Zimmer vegetieren«.

Staberl, ein Kolumnist, ist mittlerweile in Pension, das Hallenbad gibt es noch heute, auch wenn am Gang dorthin der Verputz bröckelt. Gerade köpfeln zwei Burschen ins Wasser. Es sind zwei von 120 Häftlingen, die hier eingesperrt sind. Die anderen spielen draußen Basketball. Darunter: zwölf Mörder, zwölf Sexualstraftäter, sechzig Räuber. Sie alle sind zwischen vierzehn und 27 Jahre alt. Auch Gottfried ist wieder da. Gottfried Neuberger, Oberst der Justizwache. Er hat hier viele Jahre als Wärter gearbeitet und sagt: »Wir Kinder verstanden damals nicht, was hinter den Mauern geschah.«

Es war ein europaweit bestauntes Projekt, das hier seinen Ausgang nahm. Junge Straftäter wurden nicht mehr in Erziehungslagern gebrochen, wie dies damals üblich war. Auch Gottfried Neuberger kann sich an Wiener Gefängniszellen erinnern, in denen es nach »Fäkalien und Schweiß« stank, wo Häftlinge für einen falschen Blick »eine in die Goschen« bekamen. Die Gesetze waren die gleichen wie heute. Aber die Einstellung der Beamten hat sich geändert. So haben die Beamten Verantwortung übernommen für Insassen, die sie heute »Schützlinge« nennen. Das war ein Prozess, der Ende der Sechziger seinen Anfang nahm – und nun wieder zur Debatte steht.

Soll man junge Kriminelle mit Härte bestrafen oder doch lieber nach den Ursachen forschen, die sie brutalisierten? Wer diese Frage nicht ideologisch, sondern pragmatisch beantworten will, muss auch mit den Beamten in Gerasdorf sprechen. Nicht aus politischer Überzeugung, sondern aus eigener Erfahrung gelangten sie zur Erkenntnis, dass es nicht reicht, an der Strafschraube zu drehen, um Kriminalität zu bekämpfen.

Es sind ungewöhnliche Beamte. Sie tragen keine Uniform. Ihre Autorität müssen sie durch ihre Persönlichkeit und nicht durch Distinktion unter Beweis stellen. Erst seit Ende der sechziger Jahre ist es den Beamten gestattet, überhaupt mit den Häftlingen zu sprechen.

So hat auch Oberst Gottfried Neuberger etwas zu sagen, wenn die Politiker so genannten Bootcamps das Wort reden. Siebzehn Jahre leitete Neuberger die Erziehungsabteilung in Gerasdorf, nun führt er das nahe gelegene Frauengefängnis in der Schwarzau. Er ist heute in den Jugendknast gekommen, weil er der Öffentlichkeit ein wenig über die Geschichte des Jugendstrafvollzugs erzählen will: »Das ist ja hier kein Club Med«, sagt er, »wir sind ja nicht naiv.« Ob es mehr Härte braucht? »Natürlich kann ich den Buben eine anrauchen, wenn sie ›Arschloch‹ sagen. Doch sie schimpfen dann nur deshalb nicht, weil sie Angst haben.« Die Angst sei kein Lehrmeister.

Neuberger sitzt in einem Besprechungszimmer und versinkt in braunen Siebzigerjahre-Fauteuils, für die man in Designerläden ein kleines Vermögen zahlen würde. Vor ihm ein runder Couchtisch. Auch diese Möbel sind Relikte aus der Broda-Zeit. Die Beamten sollten in angenehmer, nicht hierarchischer Atmosphäre über die Insassen beraten. Neben Neuberger sitzt die Psychologin Margitta Essenther. Sie ist die Anstaltsleiterin, war einst Chefin der Jugendgerichtshilfe Wien, einer Behörde, die Vorgeschichten krimineller Jugendlicher für die Richter recherchiert. Vor ihr liegt eine »Kurzinformation für die Presse«, die die andere Seite der Jugendkriminalität in Zahlen fasst.

Achtzig Prozent der Insassen hier wurden in ihrer Kindheit mit Gürteln gedroschen, vergewaltigt, eingesperrt und nach dem »Faustrecht« erzogen, wie Essenther es nennt. Nur einer der 120 Häftlinge hier hat keine »Suchterfahrung«. Die Jugendlichen haben aber auch selbst gewütet. Niemand hier will das entschuldigen. Da ist der sechzehnjährige Türke mit dem Oberlippenflaum. In kurzen Hosen sitzt er in seiner Zelle unter einer türkischen Fahne, die über einem Pin-up hängt. Auf einem Poster steht »Benimm dich!«. Aus »reiner Habgier«, so das Gericht, erschlug er einen Rentner mit der Axt, um an dessen Bankomatkarte zu gelangen. Oder dieses durchtrainierte Milchgesicht aus Kärnten. Mit einer Machete hackte er seiner Freundin die Finger ab. Da läuft dieser Fünfzehnjährige, der mit Freunden kürzlich ein Mädchen in Graz ermorden wollte, so wie er es in Horrorfilmen gesehen hatte.

Es sind jene Jugendlichen, deren Taten die Medien gerne als »unfassbar« titulieren und die in wenigen Jahren schon wieder frei sein werden. So wie der Amokläufer aus Zöbern, der seine Lehrerin erschossen hat – und heute als Malermeister in Freiheit lebt.

Kurz ist die Zeit, in der die Jugendlichen hier betreut werden. Knapp auch das Geld. Nicht einmal Supervision bekommen die Beamten. Sie organisieren dafür Skiausflüge in ihrer Freizeit oder spendieren ihren Schützlingen nach einem Theaterbesuch ein Kebab. All das ist riskant – und dennoch wagen es die Betreuer. Horst Membier, ein junger Justizwachebeamter mit Lederjacke und einem indischen Tuch um den Hals, sagt: »Wenn einer abhaut, stehen wir auf dem Titelblatt der *Krone*.«

Die Beamten haben keine andere Wahl, alle Insassen werden entlassen. Lebenslang gibt es für Jugendliche nicht. Selbst Mörder sind nach etwa sieben Jahren wieder frei.

Membier sagt, hier säßen Mörder, die noch nicht einmal rauchen dürfen. Er könne sich nun die Uniform überstreifen, ihren Willen brechen, sie anbrüllen: »Doch dann machen sie einen Bogen um mich.«

Um die Motivation der Beamten hier zu verstehen, muss man ihren Alltag, ihre Erfolge und ihre Ängste kennen. Da ist etwa der Fall Alexander. Es ist eine Geschichte, die Essenther ihren Mitarbeitern »am liebsten aufs Nachtkasterl« stellen würde. Der Bursche sitzt hier, weil er seinen Lehrer mit einer Glasscherbe aufschlitzen wollte.

Alexanders Zelle stank bestialisch. Er war Bettnässer, schmierte seinen Kot an die Wände, wusch sich nicht, fraß wie ein Tier, wurde immer dicker. Auf kleinste Widrigkeiten reagierte er mit brutaler Gewalt. Warum nur handelt er so? Das Vorleben des Burschen liegt im Dunkeln. Wie man so einen resozialisiert? Michael Heiling, Leiter der Ausbildungsstelle, sagt: »Durch Lob und Anerkennung!« Heiling ist erst vierzig Jahre alt, aber auch er hat noch einen anderen, einen brutaleren Strafvollzug erlebt. In der Justizanstalt Josefstadt musste er als junger Beamter wegsehen, wenn Häftlinge traktiert wurden.

Die Beamten stellten Alexander unter die Dusche. »Wir lobten ihn, so oft es ging«, sagt Heiling. Die Beamten führten ihn in den Garten, gratulierten ihm, wenn er nicht wieder »kotgeschmiert« hatte. »Wir versuchten, ihm das Selbstwertgefühl zu geben, das er nie besaß«, sagt Heiling. So stellen sich kleine Erfolge ein.

Alexander duschte. Er legte Prüfungen ab. Heute steht er kurz vorm Hauptschulabschluss, er spielt in einer Theatergruppe, holt sich mit den anderen das Essen – Nudelsalat mit Lachs. Das ist eine Erfolgsgeschichte. Sie motiviert Psychologen wie Eva Maria Dvoulety. Dabei hätte die Mitarbeiterin des psychologischen Dienstes allen Grund, jenen Skeptikern da draußen Recht zu geben, die gegen »Sitzkreise« wettern. Vor dreizehn Jahren, Dvoulety arbeitete noch in der Justizanstalt Göllersdorf, berichtete ihre Arbeitskollegin von einem »Klienten«, der kurz vor der Entlassung stand. Er benehme sich auffällig, sagte sie. Kurz darauf schlitzte der Insasse ihrer Kollegin mit einem Messer den Hals auf. Niemand hatte damit gerechnet.

Dieser Mord löste grundsätzliche Diskussionen über die therapeutische Nähe zwischen Häftlingen und Betreuern aus. Wer mit den Gerasdorfer Beamten spricht, der spürt, wie der Fall die Leute hier heute noch prägt. »Wir sind alle ein wenig geneigt, die Angst zu verlernen«, sagt Dvoulety. Kürzlich saß auch ihr ein Häftling gegenüber, der plötzlich ein Stanleymesser zückte. Die Sicherheitskontrolle hatte versagt. Einmal rückte ihr ein Insasse gefährlich nahe und fragte: »Was machst du, wenn ich dich küsse?« Dvoulety antwortete: »Das ist keine gute Idee!« Heute sagt sie: »Man kann nie ausschließen, dass sie nicht plötzlich Stimmen im Kopf hören und dann ein Schalter kippt.« Da ist etwa dieser Sechzehnjährige, der einen Mann niederschlug, nur weil der einen falschen Blick auf ihn riskierte. »Der Junge trat so lange auf ihn ein, bis die Leiche nur noch Brei war«, sagt Dvoulety. Er sei als Kind »wie ein Hund« geprügelt worden, sei »wie ein Gummiball durch die Gegend gesprungen«. Nach siebzehn Monaten wurde der Bursche als resozialisiert entlassen. Kurz darauf saß er wieder hier – wegen einer Bagatelle.

Das ist die Welt jener Betreuer, die von Politikern gerne als Träumer hingestellt werden, weil sie die schwierigsten Menschen auf ein Leben in Freiheit vorbereiten wollen. Dvoulety blieb ihren Grundsätzen treu, sie riskiert ihr Leben und sagt: »Ich fürchte mich nicht.« Sie sitzt in einem kleinen Büro, die Wände sind orange und grün ausgemalt, am Tisch eine Schüssel mit Milka-Naps für die Jungen. Mit Tests versucht sie herauszufinden, wie gewaltbereit sie tatsächlich sind. Wer hat nur eine Jugendtorheit begangen? Was steckt hinter den Verbrechen? Hat zum Beispiel der junge Mörder Michael M., der in seiner Zelle so fleißig für die Spenglerprüfung lernt, die Leiche seiner Freundin zerstückelt, um seine Tat zu vertuschen? Oder wollte er sich daran befriedigen? Das sind Fragen, deren Beantwortung oft Jahre braucht – und selbst dann kann die Antwort völlig falsch sein. Michael M. wirkt normal, er spielt in der Gefängnisband Eric Clapton nach – in seiner Zelle schlafen Jugendliche, die er in Krisensituationen betreut. Wenn er über sein Leben spricht, würde jeder daran zweifeln, dass er zu einem Mord fähig gewesen war.

Dvoulety muss in den Seelen solcher Jugendlichen kramen, sie versammelt sie in Sitzkreisen, versucht, sie dort mit deren Taten zu konfrontieren. Sie weiß aber auch, dass die »Aggressionsfragebögen«, in denen die Jugendlichen ankreuzen, ob sie gerne Igel quälen, nur einen Teil der Wahrheit ans Licht befördern. Sie weiß auch, dass sie hier selbst in Gefahr geraten kann. Sie kann dann den Notruf drücken und hoffen, dass rechtzeitig Hilfe kommt.

Es ist Abend in Gerasdorf. Durch eine Lautsprecheranlage rufen Beamte die Häftlinge zum Tischtennis. Ein paar Jungs stemmen Gewichte, andere spielen Karten. Sie bauen Aggressionen ab und Freundschaften auf. Um acht Uhr werden die Einzelzellen geschlossen. Bis zehn Uhr fernsehen, dann wird der Strom abgeschaltet. Um sieben Uhr morgens Wecken.

Margitta Essenther sitzt noch in ihrem Büro. Die Anstaltsleiterin wirkt geschafft, raucht einen Zigarillo. Nein, die Welt der Politiker, die nach harten Strafen rufen, ist nicht die ihre. Beim Abschied erzählt sie, dass der Justizreformer Broda manchmal bei ihrer Familie zu Besuch gewesen war. Ihr Vater war auch Reformer. Sie weiß, wie schwierig es immer noch ist, seine Vision dem Volk zu vermitteln. Denn da ist die Angst der Bürger, die sich vor diesen Insassen fürchten. Und da sind die Geschichten der Täter, die selbst Gewalt erlitten haben und kein Verständnis bekommen, weil sie selbst zu Gewalttätern wurden. Das ist ja das Paradoxe am modernen Strafvollzug, sagt sie, dass er Gewalttätern hinter Gittern das ersparen will, was ihr Leben prägte: Gewalt.

Casino Royal –
Das kleine Glück und seine großen Verlierer

Der Mörder ist wieder da. Abends gegen acht Uhr betritt er mit aufgestelltem Mantelkragen das angeblich traditionsreichste Wiener Wettcafé, Admiral-Ascot, in der Invalidenstraße im dritten Bezirk. Er marschiert vorbei an Pensionisten und Arbeitslosen, die hier unter verspiegelten Decken und falschen Kristalllustern sitzen und auf Pferde wetten, die irgendwo in Australien rennen.

Den höflichen Mann nennen sie »Mörder«, weil er so gnadenlos spielt. Zwei Rentner grüßen ihn ehrfürchtig. Er nickt ihnen zu. Schnurstracks schreitet er zum »Gaminator«, einem Spielautomaten der Firma Novomatic. Mit der einen Hand zückt er seine Zigaretten, mit der anderen die Geldbörse. Er schiebt den ersten Hunderter in den Schlitz und drückt die »Risiko«-Taste. Am Monitor blitzen unentwegt zwei Würfel auf. Wenn sie fallen, klackt es. Weil das rasend schnell geht, rattert der Automat wie eine Maschinenpistole. Jedes Klacken kostet fünfzig Cent. Erst wenn auf beiden Würfeln die gleichen Augen aufscheinen, drehen sich auch virtuelle Walzen mit Feen und Prinzessinnen. Die Fabelwesen tanzen, sie winken, sie lachen, dann verschlingen sie sein Geld. Der »Mörder« bleibt ruhig. Wenn der Kontostand am Apparat gegen null wandert, füttert er die Maschine mit einem Hunderter. Als fünf weitere verspielt sind, schiebt er zwei Zehner nach. Der »Mörder« zittert und wirkt doch erleichtert, obwohl alles verloren ist. Er sagt: »Auf Wiedersehen, die Herrschaften« und verschwindet.

521 Euro waren es vergangenen Dienstag. Der Wochenlohn eines Schwerarbeiters, in dreizehn Minuten verspielt. Solche Szenen spielen sich in Österreich Tausende Male pro Tag ab. 164 Wettcafés betreibt allein die Firma Admiral, eine Tochter des Glückspielgiganten Novomatic. Das Glücksspiel drängt aus den Hinterzimmern der Stadt. 4800 Novomatic-Glücksspielautomaten stehen in Niederösterreich, Wien, der Steiermark und Kärnten. In den fünf anderen Bundesländern sind die Geräte verboten.

Diese Geldfresser sind ein Politikum. Und nur einige wenige Menschen wurden durch sie reich. Vor allem Novomatic, eine Firma in der südlich von Wien gelegenen Weingemeinde Gumpoldskirchen, die diese Maschinen vom Wurstelprater bis nach Swasiland exportiert und 1,5 Milliarden Euro Umsatz macht. Auch Städte, Länder und Kommunen schneiden prächtig mit. Zehntausende Menschen aber werden von den »Gaminatoren« in Not gestürzt. Darf das sein? Wer stellt sich dagegen? Und welche Widrigkeiten erleben Kritiker des Glücksspiels dabei?

Das ist eine grundsätzliche Geschichte, die viel aussagt über die Beziehungen von Politik, Bürokratie und Justiz zu einem milliardenschweren Unternehmen. Ob sie als Kriminalfall endet, ist offen. Eine immer größer werdende Schar von Ermittlern, Politikern und Anwälten will jedoch nicht länger mitspielen.

Das Wiener Rathaus schickte kürzlich der Staatsanwaltschaft Wien eine Sachverhaltsdarstellung wegen »illegalen Glücksspiels«. Beamte hatten »Gaminatoren« inspiziert und staunten. So genannte »Actiongames«, aber auch der »Wiener Würfel«, also jenes Spiel, bei dem der »Mörder« sein Geld verlor, sind aus Sicht der Stadtverwaltung kriminell. Auch in Niederösterreich ermittelt die Justiz seit Monaten gegen die

Novomatic. Das Landeskriminalamt spricht in seinen Anzeigen von Betrug und illegalem Glücksspiel, und Ermittler erleben deshalb ihre blauen Wunder.

Die Geschichte des »kleinen Glücks« handelt von Milliardären und ihren Geschäften; von gebrochenen Spielern und ihren verarmten Ehefrauen; von Polizisten und ihren Förderern; und von Staatsanwälten, die von ehemaligen Politikern diskret befragt werden. Dann sind da noch: ein Bezirksinspektor des Landeskriminalamtes St. Pölten, der seit Monaten energisch ermittelt und dabei viele Widrigkeiten erlebt; ein Gutachter, der behauptet, nächtens mit Morddrohungen geweckt zu werden; ein verschwiegener Fleischhackersohn aus Döbling, der es mit Spielautomatenhandel in zwanzig Jahren zum Zwei-Milliarden-Euro-Unternehmer brachte. Sein Name: Johann Graf, Chef des Novomatic-Konzerns. Wer seiner Firma Übles unterstellt, wird geklagt.

Zurück ins Ascot. Auf dem »Gaminator« sind zwei Aufkleber zu sehen. Einer stammt von der Stadt Wien, mit dem sie erklärt, den Apparat besteuert zu haben: 1400 Euro pro Maschine und Monat. Das macht bei rund 3300 Wiener Automaten mehr als 55 Millionen Euro im Jahr. Auf dem anderen Aufkleber wird kleingedruckt das »kleine Glücksspiel« erklärt. »Fünfzig Cent Einsatz, zwanzig Euro Gewinn pro Spiel.« Es ist ein Schutzgesetz aus jener Zeit, in der es noch keine virtuellen Feen gab, sondern einarmige Banditen, die mit Fünf-Schilling-Münzen gefüttert werden mussten. Das Volk sollte Lohn und Kindergeld nicht beim Wirt ums Eck verspielen. Wer richtig zocken will, sollte mit Anzug in staatliche Casinos gehen, wo der Spielerschutz rigoros verstärkt wurde – und wo die fetten Gewinne allein dem Staat zufließen.

In vielen Admiral-Lokalen aber lachen die Spieler, wenn

man sie auf dieses Gesetz anspricht. Es schmunzeln die zwei Rentner, die den »Mörder« begrüßten und gerade 1200 Euro verspielen. Es lachen jene zwei Serbinnen, die den Tageslohn einer Friseuse in den Schlitz schieben. Es schmunzelt Kemal Ü., der samstags im Prater-Admiral 3200 Euro riskierte. Lachen würden die jungen Burschen in den düsteren Wettkammern in der Marc-Aurel-Straße im ersten Bezirk. 680 Euro verspielen sie gerade in einer dieser Kojen, die mittlerweile das Stadtbild prägen.

Der Mathematiker Johannes Ploss war einer, der einst hoch spielte und alles verlor. Sogar die Kellner hätten ihm Geld geliehen, sagt Ploss. »Das Gesetz erlaubt doch nur ein harmloses Jahrmarktvergnügen«, erklärt der seit einigen Jahren geheilte Spieler. »Doch in Wahrheit verspielen wir unsere Existenz.«

Die Schlacht, die Wien nun erreicht, tobt seit Monaten in St. Pölten. Ein Bezirksinspektor des Landeskriminalamtes Niederösterreich ermittelt seit Monaten wegen verbotenen Glücksspiels und schweren gewerbsmäßigen Betrugs. Seine Akten liegen mittlerweile im Justizministerium. Als Medien darüber berichteten, erkundigte sich ein ehemaliger Innenminister und heutiger Aufsichtsrat von Novomatic beim Leiter der Oberstaatsanwaltschaft Wien nach den Erhebungen. »Es ist für uns beide besser, wenn ich jetzt nichts sage«, antwortete ihm dieser.

Im Visier der Ermittler stehen die Chefs eines der mächtigsten und einflussreichsten Unternehmen des Landes: Novomatic aus Gumpoldskirchen. Nicht nur dessen Automaten werden beanstandet, auch manche Hunderennen, die bei der Tochterfirma Admiral zu sehen sind, nennt ein Beamter in einem Bericht »glatten Betrug«. Sie seien nicht live veranstaltet worden. Manager der Firma bestätigen dies – aber sie weisen sämtliche Betrugsvorwürfe vehement zurück. Alles sei genehmigt. Als Medien erstmals über diese Ermittlungen berichteten, ortete der Vorstandsvorsitzende Franz Wohlfahrt eine »gezielte Kriminalisierung«. Der Konzern, so heißt es in einer schriftlichen Stellungnahme, biete diese »Wettprodukte« an, »weil sie unserer Ansicht nach den gesetzlichen Vorschriften entsprechen«.

Schnell wurde es ruhig um den Kriminalfall. Doch es gibt Zeugenaussagen, Gutachten, Aktenvermerke. Daraus wird ersichtlich, dass es sich nicht nur um anonyme Anzeigen handelt. Sachverständige sprechen erstmals davon, dass das »kleine Glücksspiel« »nicht erfüllt« sei. Viele Belastungszeugen treten nicht anonym, sondern mit vollem Namen auf. Josip K. zum Beispiel, der behauptet, an einer Admiral-Wettkassa gesessen zu haben, gab zu Protokoll: »Ich sah sämtliche Hunderennen und konnte schon nach einigen Stunden feststellen, dass es sich um aufgezeichnete Rennen handelt. Dies gipfelte darin, dass ich nach zirka einem Monat genau wusste, welcher Hund die Rennen gewinnt. Insgesamt kann ich sagen, dass mit großer Wahrscheinlichkeit Betrug durchgeführt worden ist.«

Wer solche Anschuldigungen öffentlich verbreitet, dem wird von Novomatic schnell beschieden, »durch Sonne und Mond« verklagt zu werden. »Kritiker«, so heißt es in einem Aktenvermerk, würden »aus dem Verkehr gezogen«.

Und so wird die Geschichte des kleinen Glücks eine ganz grundsätzliche Geschichte über dieses Land und seine Fähigkeit, auch gegenüber Wirtschaftsgiganten unbefangen zu ermitteln. Noch etwas schrieb der Bezirksinspektor in seinen Akt: »Es wird bemerkt, dass durch die Novomatic-Gruppe offensichtlich massives Lobbying (Politik, Beamte etc.) zugunsten dieser (Automaten, Anm.) betrieben wird und im

Umfeld dieser Firmengruppe Sachverständige durch das Anbieten von guthonorierten Beraterverträgen für objektive Ermittlungen nicht mehr herangezogen werden können.« Die Novomatic habe einen »Schutzwall aufgebaut, um sich gegen behördliche Verfolgung zu schützen«.

Das sind harte und von der Firma dementierte Vorwürfe. Sind sie auch beweisbar? In den Akten finden sich jede Menge Hinweise anonymer Informanten, die erstaunlich detailgenau sind. Als sich ein Kriminalbeamter zum Beispiel auf der Autobahnraststätte Großram mit zwei namentlich nicht genannten Auskunftspersonen traf, die von sich behaupteten, Ex-Mitarbeiter der Novomatic zu sein: Sie schilderten, wie Automaten fürs Finanzamt frisiert würden, wie sich Stadtpolitiker an Stammtischen mit Casinomitarbeitern trafen und wie zwei namentlich genannte ranghohe Polizisten bei Partys im Ascot »mit Champagner und Prostituierten« versorgt worden sein sollen. Das auf Korruption spezialisierte Büro für interne Angelegenheiten erfuhr jedoch nichts von den Anschuldigungen. Die Betroffenen bestreiten die Vorwürfe als »völlig absurd und unrichtig«.

Dann ist da noch die Aussage des Sachverständigen Peter Mares. Er berichtet von nächtlichen anonymen Morddrohungen aus der Telefonzelle. Niemand darf behaupten, sie hätten etwas mit der Novomatic zu tun. Schon gar nicht Mares selbst. Jeder würde sofort geklagt, und man würde den Prozess gewiss verlieren.

Mares ist aber einer der wenigen Sachverständigen, die noch nicht im Auftrag der Novomatic gutachteten. In seinen Expertisen zerlegt er seine Kollegen. Er kritisiert auch, dass sie immer wieder von Novomatic beschäftigt werden. »Weil der Markt so klein ist«, wie Novomatic und angegriffene Gutachter erklären.

Mares wirft einem Grazer Gutachter sinngemäß vor, die Automaten nur technisch, nicht aber aus der subjektiven Sicht der Spieler untersucht zu haben. Er beklagt, dass Spieler »alles kostenpflichtig ausprobieren« müssen, weil es keine Spielanleitungen gibt. Er moniert »Mängel« und behauptet, es könne »nicht als Erfüllung des kleinen Glücksspiels gewertet werden, wenn versteckt in kleinen Schritten der Einsatz für das Hauptspiel (...) gesteigert werden kann«. Mares weiter: »Die Konstrukteure (...) tarnen eine Erhöhung« des Einsatzes. Novomatic kontert: Die Automaten seien alle behördlich genehmigt. Allerdings auch aufgrund eines Gutachtens, das ein angegriffener und von Novomatic mehrmals beschäftigter Gutachter erstellt hatte.

Ein dritter Gutachter, Peter Lang, hatte eine solche Expertise zu beurteilen, mit deren Hilfe in Niederösterreich 2500 Automaten bewilligt werden konnten. Lang schreibt: »Die Schlussfolgerungen sind über weite Strecken nicht mehr nachvollziehbar.« Auch Gutachter Lang hatte einen Beratervertrag mit Novomatic, wie er selbst bekanntgab.

Einen »wahnsinnig großen Sumpf« nennt Mares diese Zustände: »Es gibt hier nur wenige weiße Schafe. Die werden von den schwarzen ausgelacht.« Das Glücksspielgesetz in Wien werde aufgeweicht, die Behörden seien machtlos. Vor allem alte Automaten, so Mares, seien manipulierbar. »Ich habe selbst Schalter gesehen, auf denen man die Gewinnausschüttung auf Hoch, Mittel und Niedrig einstellen konnte.« Wem die gehören? Mares sagt: Amtsgeheimnis.

Fest steht, dass Novomatic Manipulationen nie nachgewiesen werden konnten. »Wir bestreiten die Vorwürfe zur Gänze und erwarten die Einstellung des Strafverfahrens«, heißt es aus dem Konzern.

Was Gutachter Mares behauptet, ist auch in einem Schreiben der Polizei an den Wiener Magistrat festgehalten: »Das Manipulieren von Apparaten mittels Fernsteuerung oder durch das Abschalten der Stromzufuhr wurde auch in Wien wiederholt beobachtet. Dadurch war es möglich, ein illegales Spiel auf eine erlaubte Spielvariante umzustellen.«

Ob das Gutachten die Novomatic betrifft, geht aus dem Schreiben nicht hervor – der Konzern bestreitet jedenfalls Manipulationen. Es sollte endlich plombierte Automaten geben, so die Polizei, oder am besten ein generelles Verbot. Doch das, so die Polizei, »ist aus Rücksicht auf die dann entfallenden Steuereinnahmen vermutlich nicht realistisch«.

Und so führt die Geschichte des »kleinen Glücks« zu den Ländern, Städten und Kommunen, die bei den Automaten kräftig mitschneiden. Noch im Jahr 2003 wetterte Niederösterreichs Landeshauptmann gegen die Spielautomaten. Sie seien jugendgefährdend, sagte er im Fernsehen. Zwei Jahre später bewilligte das Land 2500 davon, und Erwin Prölls Parteisekretäre wetterten gegen Politiker, die sich gegen die Automaten zur Wehr gesetzt hatten. Nur wenige Bürgermeister – etwa in Amstetten, Schwechat und Melk – probten den Aufstand gegen den »Dreck«, wie einer von ihnen die Automaten in Interviews nannte. Mit Erfolg, Novomatic zog freiwillig ab.

Auch der Konzern setzt nun offiziell auf große Casinos statt kleiner Zockerhöhlen. Im Jahr 2005 konnte die Firma ihren bisher größten Spieltempel im Prater eröffnen. Eine braun verspiegelte Betonkiste glitzert da am Rande des Straßenstrichs. Auf dem Vorplatz summt sanfte Musik aus dem Rasen. Wer das Bauwerk »im ägyptischen Stil« betritt, sieht vergoldete Kunststoff-Pharaonen und Kellner in dunklen Anzügen, die über weiche Kunststoffteppichböden wieseln. Eine edle Treppe, wie man sie von Fernsehgalas kennt, führt ins Restaurant. Die Speisekarte steht wie in einem Haubenrestaurant auf einem kleinen Podest. Doch die Preise (6,90 Euro fürs Menü) sind nicht für die High Society gedacht, eher schon für Wiens Unterschicht und die vielen Gastarbeiter. Wie ein Rundgang zeigt, spielen vor allem diese Leute an den 300 »Gaminatoren«. Mit Einsätzen bis zu 3000 Euro, wie ein Lokalaugenschein beweist. »Kleines Glücksspiel«? Der Kellner lächelt: »Jedes Spiel kostet nur fünfzig Cent.« Doch jedes Spiel läuft eben rasend schnell ab.

Auch das ist erstaunlich: Die Stadt Wien gewährte der Novomatic im Prater für ihr Casino einen vierzigjährigen Pachtvertrag. Zu zahlen sind in der boomenden Lage neben Messepalast und neuer U2-Station nur 10 000 Euro pro Monat. So viel Geld, so höhnten Kritiker, werde wohl pro Tag in einen der dort aufgestellten Automaten gesteckt. Das Büro der damals für den Prater zuständigen Wiener SPÖ-Stadträtin Grete Laska argumentierte, mit dem Bau sei »die Erweiterung des Praters vorangetrieben« worden. Novomatic habe im Übrigen auch die »Kosten für eine WC-Anlage übernommen«.

Wer in Archiven kramt, darf sich die Augen reiben, wie Novomatic boomt. 10 000 Mitarbeiter beschäftigt das Unternehmen. All das ist einem gelernten Fleischhauer zu verdanken: Johann Graf, ein zurückhaltender Selfmade-Milliardär, den Bundespräsident Thomas Klestil im Jahr 2003 zum Professor ernannte.

Aufgewachsen ist Graf im zerbombten Wien in Zimmer-Küche-Kabinett bei den Großeltern. 1980 importierte er zunächst Flipperautomaten und Wurlitzer. Er erkannte bald, wonach das Volk giert: Glücksspielautomaten, die er »Always Hot«, »Dolphin's Pearl« oder »Lucky Ladies Charm« taufte. Rund 80 000 dieser Maschinen produzierte der Konzern vergangenes Jahr, 60 000 wurden verkauft. Sie rattern in Las Vegas und in den Indianerreservaten Colorados, in den Casinos Südafrikas, in Kaliningrad, Peru, Moldawien und im Grenzland bei Kleinhaugsdorf. In sechzig Ländern ist der Konzern aktiv. In Chile steht die Eröffnung des größten lateinamerikanischen Casinos bevor.

Grafs Kontakte zu Politik und Medien sind exzellent. Johannes Hahn, der den Konzern auch noch als Gemeinderat jahrelang leitete, war Wissenschaftsminister und Wiens ÖVP-Chef, heute ist er EU-Kommissar. Der Exinnenminister Karl Schlögl (SPÖ) sitzt heute im Aufsichtsrat. Hannes Reichmann, einst einer der besten investigativen Wirtschaftsjournalisten des Landes, ist Konzernsprecher.

Sie alle verdienten und verdienen gutes Geld mit dem kleinen Glück. Aber wer verliert es? Siebenbrunnengasse 21, Verein der Anonymen Spieler. 28 000 pathologische Spieler, so die groben Schätzungen, soll es allein in Wien geben. Hier ist in einem winzigen Wartezimmer die Schattenseite des Glücksspielbooms zu besichtigen. 7134 Beratungsgespräche führte der Verein im vergangenen Jahr, rund tausend Klienten wurden betreut. Von der Stadt gab es dafür keinen Cent. Hier sitzen Mütter, deren Kinder nicht auf Skikurs fahren, weil der Vater alles verspielt hat. Es suchen Familien Rat, die ihr ganzes Vermögen verpfänden mussten. Durchschnittlicher Schuldenstand der Klienten: 50 000 Euro – für die meisten sind das drei Jahresgehälter. »Die Männer verspielen ganze Häuser«, sagt die Psychologin Izabela Horodecki, die Leiterin des Vereins.

1986 kam sie aus Polen nach Wien, »damals gab es nicht einmal Lotto in der Stadt«. Es seien vor allem Jugendliche, die spielsüchtig werden und nach zehn bis fünfzehn Jahren hier auf der Beratungscouch landen. Achtzig Prozent der Klienten verspielen ihr Vermögen an Automaten. Lange hatte es gedauert, bis deren Spielsucht offiziell als Krankheit anerkannt wurde. 1,5 bis vier Prozent der Bevölkerung, so die Schätzungen, seien akut spielsüchtig, doch die wissenschaftliche Forschung zum Glücksspiel sei »null«, klagt Horodecki.

Wovon der Verein lebt? »Novomatic, Admiral, Casinos Austria und Lotterien«, sagt sie, »ich kann daher nicht auf die Barrikaden steigen und die Firmen kritisieren.« Sie will dies auch gar nicht tun. Der Gesetzgeber sei gefordert, sagt sie. Es müsste Schutzzonen geben, Zugangskontrollen, besseren Jugendschutz.

Wie antwortet die Politik? Novomatic erklärte bereits, wie sie sich das vorstellt. In ganz Österreich sollten die Automaten erlaubt werden, damit das Glücksspiel aus der Illegalität geholt werde. Der Chef des Konzerns, Franz Wohlfahrt, sagte, die Politik müsse »erkennen, dass Beschränkungen wenig Sinn machen«.

Nachwort

Fünf Stunden östlich von Wien, im altösterreichischen Dorf Pavshino, spielen Inder und Pakistani auf einer ehemaligen sowjetischen Raketenbasis mit Holzprügeln Kricket. Und das monatelang, weil sie hinter Stacheldraht in der Ukraine festsaßen und auf ihre Zukunft warteten, die eine völlig überforderte EU-Bürokratie nicht organisieren konnte. Ihr Traum vom Paradies, ihre Hoffnung auf Wohlstand, endet an Europas neuen High-Tech-Mauern, die von uns mit errichtet werden.

Die hier versammelten Reportagen handeln von Grenzen. Von den realen Grenzen des Staates und von den roten Linien unserer Gesellschaft. Grenzen müssen überwacht werden, sonst wären sie keine. Doch wie weit darf ein moderner Rechtsstaat und eine aufgeklärte Gesellschaft dabei gehen? Und was passiert, wenn sich Grenzen verschieben, wenn sie überschritten oder nicht kontrolliert werden? Und wann muss man alte Grenzen sprengen?

Vor allem die österreichische und die europäische Grenze faszinieren mich. Sie sind eine symbolische Linie, die die Welt der Reichen von jener der Armen trennt, den Westen vom Osten, die Demokratie von autoritären Systemen. Es ist eine willkürlich gezogene Grenze, die sich in den letzten Jahrzehnten immer wieder verschoben hat.

Wer diese Grenze beobachtet, wer sie mit den unterschiedlichen Grenzgängern abschreitet, der trifft nicht nur auf die Geschichten von Entwurzelten und Gehetzten, man erfährt auch viel über die Mitte der Gesellschaft, über ihre Ängste und Phantasien.

Als ich den Spuren von Flüchtlingen und Auswanderern Richtung Westen folgte, entdeckte ich Zustände, die wir längst überwunden glauben. Da gibt es afrikanische Bettgeher, die in Vorstädten in Elendsquartieren hausen, wie einst die Ziegelböhmen der Habsburgermonarchie. Verfolgt werden sie von Behörden und Geldeintreibern der Mafia. Man trifft auf minderjährige Mädchen aus osteuropäischen Dörfern, die von betuchten Herrschaften beim organisierten Verbrechen bestellt werden, zum »Durchficken« im Nobelhotel. Manche dieser Frauen findet die Polizei entstellt und verstümmelt auf Bahndämmen in der Provinz, ehe sie in Armengräbern vom Dorfpfarrer verscharrt werden. Auch deren Spuren bin ich gefolgt, weil ihre Geschichten auch vieles über meine Heimatstadt Wien und die agierenden Behörden erzählen.

Wer über die Grenzen des Staates berichtet, der kommt an der Staatsmacht nicht vorbei. Zwei Reportagen dieses Buches rekonstruieren tödliche Amtshandlungen der Polizei, die für aufgeregte Debatten sorgten. Kriminalbeamte hatten einen rumänischen Betrüger und einen jugendlicher Einbrecher aus der Kleinstadt Krems aus nächster Nähe erschossen. Das Erstaunliche an diesen Fällen war, dass die Öffentlichkeit, die Politiker, ja sogar manche Medien der Polizei applaudierten. Man dankte den Ordnungshütern, dass sie das »Gesindel aus dem Osten« endlich »zur Strecke brachte«, dabei waren diese Männer unbewaffnet. Eine archaische Angst vor »kriminellen Horden« aus dem Osten macht sich hier breit, die unseren Rechtsstaat aushöhlt.

Und dann ist da noch eine andere Linie, die dieses Land oft überschreitet: ein Schlussstrich, den viele endlich ziehen wollen. Er betrifft Österreichs Vergangenheit, die so gegenwärtig ist wie Erna Wallisch, eine schweigsame Putzfrau aus Wien-Kaisermühlen. Einst trieb sie Kinder in die Gaskammern des KZ Majdanek, doch in der Zweiten Republik lebte sie unbehelligt in einem Gemeindebau. Warum gelang ihr das? Wieso stand sie nie vor Gericht? Und wieso schießen Jugendliche im KZ-Stollen von Ebensee auf trauernde Überlebende des NS-Regimes?

Meine Reportagen sind zum Großteil in der Wiener Wochenzeitung *Falter* erschienen, deren stellvertretender Chefredakteur ich bin. Die Texte sind den Traditionen der Wiener Aufdeckungsjournalisten des beginnenden zwanzigsten Jahrhunderts verpflichtet. Die suchten ihre Geschichten buchstäblich auf der Straße. Der große Vertreter dieser Zunft war Egon Erwin Kisch. Sein Credo ist auch Leitlinie meines journalistischen Verständnisses. Kisch schrieb: »Die Orte und Erscheinungen, die der Reporter beschreibt, die Versuche, die er anstellt, die Geschichte, deren Zeuge er ist, und die Quellen, die er aufsucht, müssen gar nicht so fern, gar nicht so selten und gar nicht so mühselig erreichbar sein, wenn er in einer Welt, die von Lüge unermesslich überschwemmt ist (...) die Hingabe an sein Objekt hat.«

Meine Hingabe gilt einer aufgeklärt offenen und von Rechtsstaatlichkeit geprägten Gesellschaft. Diese Reportagen sind Momentaufnahmen der Schattenseiten dieser Gesellschaft, Enthüllungen »von unten«, wenn man sie so bezeichnen will. Manche von ihnen nähren sich aus Gerichtsakten und vertraulichen Dokumenten; andere habe ich nur deshalb entdeckt, weil ich mit offenen Augen, geschärftem Blick und meinem Notizblock durch das Land und die Stadt gestreunt bin. In Glückspielhöllen, wo Arbeiter ihre Lohntüten verspielen. In den Gemeindebau, wo ein Wiener auch auf Ausländerkinder ballerte und dafür Verständnis der Anwohner erntete. Oder bei normalen Familien, die Kinder über seriöse Wiener Vereine adoptierten und dann begreifen mussten, dass ihre Babys in Afrika gestohlen und verkauft worden waren. Auch dies ein Auswuchs einer globalisierten, entgrenzten Welt.

Für dieses Buch habe ich die Reportagen leicht überarbeitet, an manchen Stellen aktualisiert, im Wesentlichen aber so belassen, wie sie in der Zeitung erschienen sind.

Es braucht viele Helfer, Kollegen, Zuträger, Gesprächspartner und Informanten, damit solche Stücke herauskommen können. Sie hier alle aufzuführen, würde den Rahmen sprengen, doch ich bin ihnen zu großem Dank verpflichtet. Einigen Personen sei dennoch ausdrücklich gedankt: meinen Eltern Rudolf und Christiane, meiner Schwester Ines-Maria und vor allem meiner Frau Veronika Hofinger, die all diese Texte gelesen und redigiert hat. Gewidmet ist dieses Buch unseren Zwillingen Anna und Leopold. *F. K.*

Inhalt

Frau Kovach trägt Schwarz –
Eine Reise an die Schengengrenze ... 7

Dawai! Dawai! –
Frauenhandel in Deutschland ... 18

»Früher war hier das Ende der Welt« –
An Österreichs Grenze ... 29

Die Frauen im Feuer –
Ein paar Euro für die schnelle Nummer ... 43

Die feine Gewalt –
Wie Mädchenhandel funktioniert ... 53

Diesseits von Afrika –
Bei den neuen Bettgehern ... 61

Entführt –
Noah, Chara und die Kinder von Wien ... 67

Von Polizisten und Elefanten –
Warum Vasile C. erschossen wurde ... 78

Die Jagd von Krems –
Der beschämende Tod des Schülers Florian Pirker ... 85

So ist Boulevard –
Ein Redaktionsbesuch ... 100

Der kleine Sterzgraf –
Die Welt eines unheimlichen Kärntner Bürgermeisters ... 111

Der »Halte-Klappe-Mensch« –
Erna Wallisch, die Kinder in Gaskammern trieb ... 118

Die Geschichte von Nummer 164953 –
Warum Ladislaus Zuk in Österreich blieb ... 135

Der gemeine Bau –
Wo ein Wiener auf Kinder schießt ... 141
»Die Möbel sind dezent und fein« –
Wie jugendliche Straftäter resozialisiert werden ... 151
Casino Royal –
Das kleine Glück und seine großen Verlierer ... 159

Nachwort ... 170